기독교문서선교회(Christian Literature Center: 약칭 CLC)는 1941년 영국 콜체스터에서 켄 아담스에 의해 시작되었으며 국제 본부는 미국 필라델피아에 있습니다. 국제 CLC는 59개 나라에서 180개의 본부를 두고, 약 650여 명의 선교사들이 이동도서차량 40대를 이용하여 문서 보급에 힘쓰고 있으며 이메일 주문을 통해 130여 국으로 책을 공급하고 있습니다. 한국 CLC는 청교도적 복음주의 신학과 신앙 서적을 출판하는 문서선교기관으로서, 한 영혼이라도 구원되길 소망하면서 주님이 오시는 그날까지 최선을 다할 것입니다.

Spurgeon on Resting in the Promises of God

추천사

노은성 박사
전주온누리교회 담임목사

목회자에게 설교는 가장 중요한 사역입니다. "설교는 영광스러운 소명입니다"라는 팀 켈러 목사님의 말을 굳이 빌리지 않더라도 모든 목회자가 설교의 중요성을 잘 알고 있습니다. 그럼에도 많은 목회자가 설교를 부담스러워합니다.

사실 이 부담은 설교 행위에 대한 부담이라기보다는 설교 준비에 대한 부담이라고 보는 것이 맞을 것입니다. 소위 말하는 은혜로운 설교, 즉 성도의 마음을 두드리고 변화를 일으키는 설교를 전해야 하는 부담, 그런 설교를 준비해야 하는 부담이 늘 설교자의 마음 한 켠에 자리하고 있습니다.

그런 의미에서 찰스 스펄전 목사님은 목회자가 경험하는 이런 부담과는 전혀 상관없는 분처럼 여겨집니다. 왜냐하면, 스펄전 목사님의 설교는 예외없이 놀라운 역사를 불러일으켰기 때문입니다. 수많은 사람이 스펄전 목사님의 설교를 통해 은혜를 받았고, 예수님께로 돌아왔습니다. 19세의 나이에 첫 설교를 시작하여 불과 일 년 만에 1,200명이 넘는 성도를 교회로 불러들였다는 일화는 오늘날의 시각에서 볼 때 사실과 허구 사이 어느 지점에 자리하고 있는 전설처럼 여겨집니다.

　도대체 스펄전 목사님은 어떤 설교를 하셨기에 그토록 놀라운 역사를 일으켰을까요?

　『찰스 해돈 스펄전의 약속 메시지』는 목회자의 이 거룩한 부담에 대한 해답을 제시하는 책이라고 할 수 있습니다. 제목에서 알 수 있듯이 스펄전 목사님의 모든 설교는 하나님으로 귀결됩니다. 스펄전 목사님의 설교가 사람들의 마음을 움직인 이유는 오로지 하나님만을 전했기 때문입니다.

　그렇다면 오늘 이 땅을 살고 있는 목회자들, 스펄전 목사님과 같은 은혜의 역사를 꿈꾸는 목회자들 역시 하나님만을 전하는 설교를 해야 합니다. 이 결론을 독자 여러분께 말씀드리면서 제 자신의 설교를 돌아보지 않을 수 없었습니다.

　'나는 과연 하나님만을 설교하고 있는가?'

　오늘날 온갖 방송에서 전파되는 설교를 유심히 들어 보면 가슴이 답답함을 느낄 때가 한두 번이 아닙니다. 설교라는 미명하에 하나님의 말씀을 처세술과 만담으로 전락시킨 설교들이 난무합니다. 더욱 안타까운 현실은 성도들이 이런 설교(?)를 좋아하고 이런 설교(?)에 아멘으로 화답하는 것입니다.

　스펄전 목사님은 이런 강단의 오염을 정화시킬 수 있는 유일한 방법은 오직 기도와 성경뿐임을 천명합니다. 스펄전 목사님은 오직 기도와 성경만을 설교의 도구로 사용했습니다. 기도와 성경이 설교 준비의 유일한 도구였기 때문에 스펄전 목사님의 설교는 죄악 된 세상의 죄악 된 질문에 답을 하는 설교가 아니라 죄악 된 세상에 진리의 질문을 던지는 설교였습니다.

　특히, 이 책은 스펄전 목사님의 설교의 특징을 일목요연하게 정리해서 보여 줌으로 일선 목회자들이 자신의 설교를 스펄전 목사님의 설교처럼 생동감 있는 설교로 변모시킬 수 있는 방법을 제시합니다.

개인적으로 이 책을 읽는 독자는 책의 처음부터 순서대로 읽기보다는 설교문을 최소 한 편이라도 먼저 읽은 후에 박영호 박사님의 발간사를 읽고, 그런 다음 다시 스펄전 목사님의 설교를 읽을 것을 권합니다. 이런 순서로 책을 읽으면 스펄전 목사님의 설교 특징을 자신의 설교에 적용하는 일이 조금은 수월할 것이라고 생각합니다.

이 책이 목회자들에게 큰 도전과 도움을 주는 책인 것은 분명합니다만, 단지 목회자만을 위한 책은 아닙니다. 이 책은 평신도들에게도 분명 큰 도움이 되는 책입니다.

앞서 만담과 같은 설교에 환호하는 성도라 불리는 설교 소비자에 대한 지적을 했습니다. 그러나 분명한 사실은 교회 안에는 참된 하나님의 말씀에 갈급한 소수의 성도들이 존재한다는 것입니다. 오직 기도와 성경으로 준비된 설교, 하나님만을 선포하는 설교에 갈급한 성도들이라면 이 책을 통해 가뭄의 단비와 같은 하나님의 은혜를 경험하게 될 것입니다.

오늘도 거룩한 부담으로 날마다 엎드려 간구하는 목회자들과 갈급한 심령으로 참된 설교자를 찾아 방황하는 깨어 있는 성도들에게 이 책은 분명 큰 도움이 될 것이라 믿으며 기쁜 마음으로 추천의 글을 마칩니다.

끝으로 한마디 첨언하면 모든 면에서 감히 비교 불가한 본인이 서문 강 목사님께서 번역하신 책에 추천사를 쓴다는 것에 너무 감사하며 한편으로 송구한 마음 금할 길이 없음을 밝힙니다.

찰스 해돈 스펄전의
약속 메시지

Spurgeon on Resting in the Promises of God
Written by Charles Haddon Spurgeon
Compiled by Jason K. Allen
Translated by Seomoon Kang

This book was first Published in the United States by Moody Publishers, 820 N. LaSalle Blvd., Chicago, IL 60610 with the title Spurgeon on the power of scripture, Copyright ⓒ 2022 by Jason K. Allen.

Translated by permission.
All rights reserved.

Korean Edition Copyright ⓒ 2024 by Christian Literature Center, Seoul, Korea.

찰스 해돈 스펄전의 **약속 메시지**

2024년 11월 20일 초판 발행

지 은 이 | 찰스 해돈 스펄전
엮 은 이 | 제이슨 K. 알렌
옮 긴 이 | 서문 강

편   집 | 전희정
디 자 인 | 서민정
펴 낸 곳 | (사)기독교문서선교회
등   록 | 제16-25호(1980. 1. 18.)
주   소 | 서울특별시 동대문구 천호대로 71길 39
전   화 | 02-586-8761~3(본사) 031-942-8761(영업부)
팩   스 | 02-523-0131(본사) 031-942-8763(영업부)
이 메 일 | clckor@gmail.com
홈페이지 | www.clcbook.com
송금계좌 | 기업은행 073-000308-04-020 (사)기독교문서선교회
일련번호 | 2024-120

ISBN 978-89-341-2761-1 (04230)
ISBN 978-89-341-1633-2 (SET)

이 한국어판 저작권은 Moody Publishers와 독점 계약한 (사)기독교문서선교회가 소유합니다.
신저작권법에 의하여 한국 내에서 보호를 받는 저작물이므로 무단 전재와 무단 복제를 금합니다.

스펄전 메시지 시리즈 ⓫

찰스 해돈 스펄전의
약속 메시지

SPURGEON ON RESTING IN THE PROMISES OF GOD

찰스 해돈 스펄전 지음

제이슨 K. 알렌 엮음

서문 강 옮김

기독교문서선교회

그리스도인의 애정으로
이 책을
힐러리 스펄전(Hilary Spurgeon),
리처드 스펄전(Richard Spurgeon),
팀(Tim)과 수잔(Susan),
코크란(Cochran)에게
헌정합니다.

그들은 위대한 사람, 스펄전의 혈통에서 난 이들입니다.
그들은 또한 스펄전도서관(Spurgeon Library)의 후원자들이 되었습니다.
그들이 가진 스펄전의 유품들을 우정 있게 관리하여 우리를 복되게 했습니다.
찰스 스펄전의 확신이 그들을 통해 오는 다음 세대들에게도
계속 전해지기를 바랍니다.

Spurgeon on Resting in the Promises of God

도입

제이슨 K. 알렌 목사
Midwestern Baptist Theological Seminary 총장

2,000년 기독 교회 역사에 걸쳐 어떤 이들의 이름은 불멸의 지위를 얻었습니다. 그래서 그들의 이름은 시대가 달라지고 세대가 바뀌어도 사람들과 함께합니다. 그리고 그들의 유산은 유효합니다. 또한, 그들은 각 시대의 후대들에게 믿음을 방호하고 교회를 섬길 영감을 주어 우리 주님의 위대한 지상명령을 수행하게 도전합니다.

교부 시대의 아우구스티누스(Augustine)나 아타나시우스(Athanasius)는 기독론과 삼위일체의 교리를 형성하고 공식화하여 믿음을 지키는 데 크게 기여했습니다. 종교개혁 시대의 칼빈(John Calvin)이나 마틴 루터(Martin Luther)는 성경과 성경의 복음으로 돌아가게 하는 데 있어서 다른 모든 이보다 우뚝 서 있습니다.

우리 시대에 더 가까운 시대의 조나단 에드워즈(Jonathan Edwards)나 조지 휫필드(George Whitefield)는 영적 대각성에 불을 붙여 의심할 여지없는 기여로 위대한 그리스도인이라는 지위를 얻었습니다. 이들과 유사하게, 윌리엄 캐리(William Carey)와 아도니람 저드슨(Adoniram Judson), 그리고 루터 라이

드(Luther Rice) 같은 이들은 현대 선교 운동을 이끌어 기념할 만한 이름을 남겼습니다.

이들과 함께 다른 많은 이도 기념비적으로 그리스도의 대의(大意)를 위해 섬긴 자들로 기독교의 러시모어산(Mount Rushmore)[1]에 기념 흉상을 세워 기념할 만한 인물들로 드러났습니다.

찰스 스펄전(Charles Spurgeon)도 그러한 지위에 오른 사람입니다. 영국의 이 설교자는 영국의 가장 큰 도시 런던에서 가장 큰 교회인 메트로폴리탄태버내클(Metropolitan Tabernacle)교회에서 목회했습니다. 스펄전은 정말 적재적소에 딱 맞는 적임자였습니다.

그는 스무 살이 되지 않은 상태에서 대영제국의 전국 무대에 떠오르는 인물이 되었습니다. 이십 대에 그는 잉글랜드에서 가장 유명한 설교자가 되었고, 그의 명성은 금방 세계로 뻗어 나갔습니다.

그는 매주 열 번이나 설교했고, 잉글랜드에서 가장 큰 회중을 목양했습니다(그리고 아마도 그 교회는 세계에서 가장 컸을 것으로 보임). 목회자 대학과 선도적인 고아원을 포함하여 복음과 관련해 60개 이상의 사역을 시작했습니다. 또한, 그는 135권의 책과 63권의 설교집을 출판했습니다. 거기다가 매주 그의 설교 복사본이 뱃길을 통해 해외로 보내졌습니다. 스펄전의 책은 지금도 모든 시대 중에서 가장 널리 읽혀지는 기독교 서적입니다.

무엇이 스펄전을 그토록 압도적 인물로 만들고, 그의 평판을 그렇게 광범위하게 오래 지속되게 만들었습니까?

---

1 미국 사우스다코타(South Dakota)주 서부에 있는 산. 산중턱 화강암에 워싱턴, 제퍼슨, 링컨, 루즈벨트 등의 거대한 흉상이 조각되어 있다(역주).

스펄전 당대나 지금 이 시대에 그를 관찰할 자들은 그의 은사와 재능을 지적했습니다. 확실히 말하건대. 하나님은 정말 그에게 특이한 여러 방식으로 은사를 부여하셨습니다. 스펄전의 생각하는 방식은 정말 현란했으며, 그의 목소리는 강력했습니다. 그의 상상력은 실로 전율을 느끼게 했습니다. 그리고 그는 지칠 줄 모르게 힘을 썼습니다. 그리고 그의 용기는 정말 대단했습니다.

그는 성경의 권능과 성령님의 역사를 자주 지적했습니다. 그러면서 그는 목회 사역의 성공 비결로 기도를 가리켰습니다. 특히, 그가 섬기던 교회의 성도들의 기도가 자기 목회 성공의 비결이라고 자랑했습니다.

그럼에도 그의 영적 능력과 목회 사역의 탄력에 작용한 다른 요인이 있었습니다. 그것은 하나님의 약속들에 대한 단호한 확신이었습니다. 그는 하나님의 약속 안에서 안식하는 사람이었습니다.

스펄전은 자기 삶과 목회 사역을 위한 궁극적 질문들에 대한 답을 찾은 사람입니다. 그런 질문들이 종종 그리스도인들로 하여금 잠을 이루지 못하게 하고, 목회자들에게는 자기가 정말 소명(召命)을 받아 목회하고 있는지를 점검하도록 촉구합니다.

스펄전은 구원을 확신했나요?

절대로 확신하고 있었습니다.

그는 성경의 능력으로 위로를 받았나요?

당연합니다.

그는 성령님의 역사를 의존했나요?

물론입니다.

사람들의 일을 주관하시는 하나님의 절대 주권을 믿고 안식했나요?

스펄전은 이 책에서 바로 그 성경의 하나님을 우리에게 제시하고 있습니다. 그가 속삭이듯이 말합니다.

> 하나님은 그분의 백성을 지키겠다 약속하십니다. 그러니 그분은 그 약속을 지키실 것입니다(God promises to keep His people, and He will keep His promises).[2]

필자는 독자 여러분이 좋을 때나 어려울 때 이 책을 읽어 하나님의 약속들을 발견하고, 그 약속들 안에서 안식하게 되기를 원합니다.

---

[2] 이 인용구가 통상 스펄전 목사가 한 말로 여겨지고 있는데 출처는 불명확하다.

Spurgeon on Resting in the Promises of God

역자서문

서문 강 목사
중심교회 원로목사, 중심교회 파송 말씀선교사

먼저 이 말씀의 주인이신 성삼위 우리 주님의 이름을 높이나이다.

우리 그리스도인들은 그리스도를 통해 하나님의 구원을 받은 은혜의 영광을 위해 우리 존재 전체를 드려야 마땅합니다(엡 1:3-14). 역자가 그런 은혜의 영광에 참예한 자로서 너무나 감사하게도 그 은혜 복음의 말씀을 증거하는 설교자의 반열에 서게 하신 하나님의 은혜를 높이고 높이나이다.

그리고 그런 설교자의 소명을 주신 것 중에서 로이드 존스 목사님의 『로마서 강해』 전 14권을 번역하여 한국 교회 앞에 펴내는 영예로 인해 늘 성삼위 하나님을 찬미하고 찬미하는 바입니다.

본 역자가 그 『로마서 강해』 제1권을 지금부터 46년 전인 1976년, 그러니까 신대원 3학년 졸업을 앞두고 본 CLC를 통해 역간했습니다. 당시 CLC에서 낸 책의 종류가 7종이었던 기억이 납니다. 실로 그 『로마서 강해』와 함께 CLC를 성장하게 하시어 3천 종이 넘는 청교도적이고 개혁주의적인 책들을 한국 교회에 먹이신 주님을 찬미하는 바입니다. 그 책을 통해 한국 교회를 먹이시고 부흥케 하신 주님의 영광을 어찌 다 표현할 수 있겠습니까.

이번에 또 스펄전 목사님의 설교로 이루어진 이 귀한 책을 번역하는 영광을 주신 우리 주님께 감사와 찬미를 올려 드립니다. 저는 이번에 이 책을 번역하면서 더욱더 확신하게 되었습니다. 성령께서 기름 부으심이 함께하는 설교의 전형은 바로 교회사 속에서 빛나는 참된 설교자들의 설교라는 것을 말입니다.

흔히 음악에서 고전(古典 classic)이라 하면, 시대나 문화 정신의 변화를 초월하여 정통 음악의 아름답고 품격 높은 질서와 선율을 따라 영감을 주는 악곡들을 가리킵니다. 그래서 음악을 하는 이들에게 있어서 고전 음악은 넘어야 할 태산(泰山)임이 분명합니다. 그런데도 고전 음악의 그 태산을 넘어야 비로소 음악의 질서, 화음의 아름다운 조화와 음악 언어를 만날 수 있습니다.

그런데 그 고전 음악의 세계는 시대적으로 현대에 속한 것이 아니라 현대 이전에 속했습니다. 어떤 이는 오늘날과 같은 천박하고 피상적이고 실용적인 적용만을 추구하려는 현대 정신이 불후의 고전 음악 작품을 내기를 기대하기란 곤란하다고 말했습니다.

스펄전 목사님이나 로이드 존스 목사님의 설교는 예수님 오실 때까지 들어야 할 '성경적이고 복음적인 설교의 클래식'입니다. 그들의 멘토들은 존 칼빈 이후 존 오웬과 윌리암 퍼킨스나 존 플라벨 같은 청교도 설교자들, 그 맥을 이은 조나단 에드워즈 목사님이었습니다.

현대의 설교자들이 현대인들에게 환영받을 설교의 유형을 개발하느라 고생하는 일을 멈추고 바로 이런 '성경적 클래식 설교'를 연구하여 성령님의 기름 부으심이 있는 '설교의 전형'을 발견해야 합니다.

현대인들은 급격한 변화의 소용돌이 속에서 정신을 차리기 힘듭니다. 그러나 하나님께 택하심을 받은 백성들은 그들이 사는 시대를 불문하고 성경의 복음으로 인해 방황을 멈추고 영원한 산 소망을 가집니다.

부디 이 책을 그리스도 안에 있는 참된 안식의 실체가 무엇인지를 독자들에게 더욱 깨우쳐 주는 도구로 삼아 주시기를 주님께 간구합니다.

이런 책들을 내는 데 지치지 않는 기독교문서선교회(CLC)의 대표 박영호 목사님과 직원분들에게 하나님의 은혜가 넘치기를 바랍니다.

감사합니다.

Spurgeon on Resting in the Promises of God

목차

추천사 **노은성 박사** ǀ 전주온누리교회 담임목사	1
도입 **제이슨 K. 알렌 목사** ǀ Midwestern Baptist Theological Seminary 총장	9
역자 서문 **서문 강 목사** ǀ 중심교회 원로목사, 중심교회 파송 말씀선교사	13
제1장 무지개	17
제2장 항상 은혜를 공급하시겠다는 약속	42
제3장 하나님의 약속 성취 받기	57
제4장 부디 내게 와서 쉬라	77
제5장 오직 그분만 신뢰하라! 그분만 신뢰하라!	100
제6장 시련에 처한 신자들을 위한 달콤한 평안	122
제7장 염려를 치료하는 한 방법	143
제8장 완전한 확신의 복락	166
부록 찰스 해돈 스펄전 생애와 설교	199

제1장

제목 : 무지개

■ 본문 : 창세기 9:16

■ 설교 요약

무지개가 영원한 은혜 언약을 나타내는 것과 같이, 예수 그리스도의 인격 안에서 하나님과 사람 사이에 언약도 영원하다. 그리스도는 우리를 위한 언약의 증표시다. 그리스도를 생각하면 하나님이 택하신 백성들인 우리를 구원하셨다는 것을 상기하게 된다. 예수님은 더 위대한 은혜 언약의 중보자로 영원히 보좌에 앉아 계시니 무지개보다 훨씬 더 뛰어난 언약의 증표시다.

■ 이 설교에서 기억할 만한 문구

"하나님이 그들에게 한 언약을 주셨습니다. 그 언약은 신적 거룩한 상징으로 장식되었으며, 친히 하나님이 온갖 아름다운 색깔을 배합한 글씨로 서명하셔서 보증하고 있습니다."

"그러므로 하나님이 그리스도와 언약하실 때, '내 백성이 이것을 행하면 내가 그들을 구원하겠다' 하신 것이 아닙니다. 도리어 '내가 그들을 구원할 것이다. 그러면 그들이 이를 행하리라'는 식이었습니다. 처음부터 끝까지 그 언약의 형식이 그러합니다."

"하나님은 결코 자기 백성을 놓치거나, 자기가 택한 백성들을 내버리지 않으실 것입니다. 하나님이 약속하신 것은 그 어느 것, 어느 조항도 이루어지지 않거나 못 믿을 것이 없습니다."

Spurgeon on Resting in the Promises of God

제1장
무지개

> 무지개가 구름 사이에 있으리니 내가 보고 나 하나님과 모든 육체를 가진 땅의 모든 생물 사이의 영원한 언약을 기억하리라(창 9:16).

노아가 방주에서 보존된 이야기는 우리 주 예수 그리스도를 통한 구원을 암시적으로 나타내고 있습니다. 우리가 생각하기에, 그 이야기는 우리의 구원 일부가 중생의 씻음에 관련됨을 묘사하기 위해 특별하게 의도된 것이라고 여겨집니다. 동일한 방식으로 세계가 중생의 외적 상징인 것처럼, "방주에서 … 구원을 얻은 자가 몇 명뿐이니 겨우 여덟 명"(벧전 3:20)뿐이었습니다.

방주는 온 땅을 물로 뒤덮어 버린 비와 창수 속에 잠겼습니다. 그리고 노아의 가족들도 그 방주 안에서 온 세상에 대해 장사 지낸 바 되었습니다. 그러나 이 일로 인해 그들은 정죄 받은 옛 세계에서 떠올라 생명과 은혜의 새 세계로 들어갔습니다. 그들이 세상에 대해서는 죽고 방주 안에 장사 되는 일은 그들에게 안전의 방편이 되었습니다.

사도 베드로는 말했습니다.

> 물은 예수 그리스도께서 부활하심으로 말미암아 이제 너희를 구원하는 표니 곧 세례라 이는 육체의 더러운 것을 제하여 버림이 아니요 하나님을 향한 선한 양심의 간구니라(벧전 3:21).

세례는 중생을 상징하는 가장 의미심장한 그림입니다. 그러나 세례가 신생(新生)의 원인이 되는 것은 결코 아닙니다. 세례 자체는 한 사람도 구원하지 못합니다. 다만 베드로가 말하듯이 세례는 상징적으로 구원을 나타내는 것일 뿐입니다. 세례는 하나의 상징으로서 하나님의 가르침을 탁월하고 충만하게 나타냅니다. 세례는 신자가 오늘날 옛 세상 안에 서 있기는 하나 그 세계에 대해 장사 지낸 바 되었다는 위대한 진리를 표방하고 있습니다.

신자가 물로 표시된 무덤에서 올라오는 것은 한 그리스도 안에 있는 새 사람으로서 부활하여 새로운 세계로 들어간 것을 상징적으로 보여 주고 있습니다.[1]

> 그러므로 우리가 그의 죽으심과 합하여 침례를 받음으로 그와 함께 장사되었나니 이는 아버지의 영광으로 말미암아 그리스도를 죽은 자 가운데서 살리심과 같이 우리로 또한 새 생명 가운데서 행하게 하려 함이라(롬 6:4).

우리가 하나님을 향해 생각을 기울일 때, 그리스도와 함께 죽고 그리스도와 함께 장사 되었고 그리스도와 함께 다시 살았다는 것을 생각하는 것보다 더 큰 것이 무엇일까요?

---

[1] 스펄전 목사는 침례교 목사로서 침례를 시행하고 있었다. 그 상황을 마음에 그려 보면서 이 대목을 설교하고 있음을 유념하면 이 대목을 이해하는 데 도움을 받을 수 있다(역주).

친애하는 교우 여러분!

노아의 역사가 모형과 교훈을 담고 있다고 생각하지 않습니까?

노아는 방주에서 나왔고 더 이상 좁은 한계 안에 갇혀 있지 않았습니다. 그는 방주 밖으로 걸어 나갔고, 그 앞에 자기 마음대로 할 수 있는 세계가 온통 그 앞에 있었습니다.

그것은 "그리스도와 함께 장사 되었다가" 이제는 자유롭게 하시는 하나님의 성령님을 모시는 특권을 소유하고 있는 믿는 자를 상징하는 그림이 아닙니까?

믿는 자에게는 속박의 영이 더 이상 없습니다. 그는 아버지 집의 한 자녀로 자유하고 있습니다. 하나님이 그에게 모든 것을 은사로 주시어 활용하고 즐길 수 있습니다. 그리스도를 믿는 신자는 그리스도와 함께함으로 자유롭게 만드는 그 해방이 무엇임을 배웠습니다. 아들이 우리를 자유롭게 하시면 우리는 진실로 자유로운 사람들입니다.

노아가 수송아지와 다른 정결한 짐승을 잡아 제단에 드렸을 때, 그가 믿는 자의 소임을 보여 준 것이 아닙니까?

왜냐하면, 우리도 하나님이 받으시기에 합당한 기도와 찬미의 제사를 드리며, 우리 자신이 하나님께 드리는 산 제물이기 때문입니다.

노아는 모든 세대의 성도들에게 말한 것이 아닙니까?

"이처럼 여러분이 죽어 마땅한 자리에서 건짐을 받았으니, 남은 생애를 하나님을 위한 제사장으로 보내라."

주 하나님이 그날에 노아와 노아의 가족들에게 복 주시기를 기뻐하시면서 열매를 풍성하게 맺으라 명하지 않으셨나요?

그리스도를 믿는 자들이 그리스도 안에 거하면서 '많은 열매를 맺는' 충성심을 요구하신 것이 아닙니까?

그 축복의 기도는 우리가 영적으로 불멸의 영혼들을 낳는 부모가 되기를 얼마나 간절하게 추구하라고 가르치지 않나요?

그리고 그 낳은 영적 자녀들 안에서 그리스도의 형상을 이루어지기까지 해산의 수고를 하라고 가르치지 않나요?

하나님 아버지께서 노아의 가족들에게 새와 물고기와 모든 생축을 다스리시게 하셨을 때, 우리 믿는 자들이 우리의 정욕과 죄와 악을 다스리라 하지 않으셨나요?

또한, 그 일로 인해 그리스도를 믿는 이들의 권세 아래 모든 만물이 복종하게 될 것을 미리 예언한 것이 아니었나요?

그분을 믿는 자들은 하늘에 계신 아버지께서 부여하신 그런 지배권의 헌장을 힘입어 희생 제물을 하나님께 드리는 제사장이 되어 '왕 노릇 하라' 하심이 아닌가요?

하나님이 노아의 가족들이 고기를 먹도록 허락하실 때, 참신자들이 먹을 양식을 제시하신 것이 아닙니까?

그들 신자는 지금 영혼의 신령한 음식인 그리스도의 살과 피를 마시고 있습니다.

제가 하나님이 노아와 그 후손들에게 주신 안전보장을 관찰하며 거기서 우리가 서 있는 안전보장을 영적으로 유추하여 내는 것이 무리입니까?

하나님이 그들에게 한 언약을 주셨습니다. 그 언약은 신적 거룩한 상징으로 장식되었으며, 친히 하나님이 온갖 아름다운 색깔을 배합한 글씨로 서명하셔서 보증하고 있습니다. 우리 그리스도를 믿는 자들도 하늘에 충성스러운 증인을 가진 언약을 받았습니다. 그 증인은 무지개보다 더 초월적인 예증과 아름다움을 지니신 분입니다. 바로 우리 주 예수 그리스도십니다.

그러나 이제 그 모든 요점을 떠나 이 한 가지 주요한 요점에 이르게 됩니다. 세상이 더 이상 홍수로 멸망되지 않을 것이라는 사실이 하나님이 그리스도와 맺으신 보다 오래된 언약을 모형으로 그려 준다고 주장할 성경적 이유를 우리는 가지고 있습니다. 하나님이 그리스도와 함께 언약하신 내용은, "나는 내 백성의 하나님이 되겠고, 그들은 영원한 세계에서 나의 택한 자들이 되리라"였습니다.

이사야 45장이 그것을 말하고 있습니다. 그러니 노아의 언약은 하나님이 자기 백성들을 위해 그리스도와 맺으신 위대한 그 언약의 모형입니다. 노아와 맺은 언약의 상징으로서의 무지개는 바로 우리 주 예수 그리스도를 모형으로 나타냅니다. 우리 주님은 하나님의 백성들의 증인이십니다.

요한계시록 4장 3절에서 우리는 "무지개가 보좌를 둘렀더라"라는 말씀을 읽습니다. 그 말씀은 무지개가 땅의 세계만을 위한 일시적 상징이 아니라 영원하고 천상적인 것들의 상징임을 보여 줍니다. 제가 실수하지 않는다면, 요한계시록 10장에 보면 오른손에 책을 들고 한 발로는 바다를, 다른 발로는 땅을 밟고 서 있는 힘센 천사가 머리 위에 무지개가 둘린 면류관을 쓰고 있습니다.

이 말씀 속에서 우리 주 예수 그리스도께서는 중보자로서 이마에 언약의 상징을 두르고 계십니다. 다른 대목에서는 왕이신 우리 주님이 은혜 언약의 휘장으로 둘러싸인 보좌에 앉아 계신 것으로 묘사됩니다. 그와 같이 그런 식의 언약 방식을 통하지 않고는 그리스도의 위엄과 권능과 은혜가 나올 수 없습니다. 왜냐하면, 그분의 능력과 사랑의 밝은 광선이 무지개를 통과한 후에야 사람들에게 미치기 때문입니다.

이것은 이제 우리를 담론의 중심으로 인도합니다. 우리는 두 언약 사이에 평행을 이루는 두 가지, 즉 언약의 진로와 언약의 징표에 관해 이야기해야 합니다. 노아 언약의 내용은 은혜 언약의 내용입니다. 마치 무지개가 어떤 의미에서 은혜 언약의 표징이기도 한 것처럼 말입니다.

1. 노아 언약의 진로

노아 언약은 순전한 은혜 언약입니다. 하나님이 노아에게 그런 언약을 맺을 이유가 전혀 없었습니다. 노아는 죄인이었습니다. 그는 며칠이 지나지 않아 정말 충격적인 방식으로 자신이 죄인임을 드러냈습니다. 그는 최선의 사람이었습니다. 그러나 사람 중에서 최선의 사람이라 해도 그것이 하나님의 호의를 요구할 권리는 전혀 아닙니다. 노아는 우리와 마찬가지로 믿음으로 말미암아 구원을 받았습니다.

우리 모두가 알고 있는 믿음은 어떤 논리로도 공로를 내세워 하나님의 호의를 요구하는 것과 일치되지 않습니다. 노아의 아들들 중에서 적어도 한 명은 누구나 알 만한 버려진 아들로 낮추어 말해야 합니다. 정말 노아 자신에게는 하나님이 그런 언약을 꼭 맺으셔야 할 근거가 없었습니다.

우리는 노아가 하나님께 이 언약을 구했다고 상상할 이유가 전혀 없습니다. 그가 희생 제물을 바쳤습니다. 그러나 노아가 하나님이 자기에게 땅을 멸하지 않을 것이라는 확약을 하실 것이라는 생각을 감히 주제넘게 했는지는 모르겠습니다.

우리는 이런 상상을 해 봅니다. 노아가 궁창의 하늘을 덮으며 지나가는 구름을 보고 한 방울의 비가 떨어지면 그의 평안한 위로의 마음을 좌절케 했을 것이라는 상상은 해 봅니다. 노아는 의(義)의 설교자로서 공의에 입각해 자신이 지극히 거룩하신 하나님께 무얼 당당하게 요구할 입장이 아님을 충분히 알고 있었습니다. 그런 그가 감히 자신의 어느 공로를 내세워 하나님께 무엇인가를 요청하는 모험을 하지 않았을 것입니다.

　노아 언약은 오직 하나님의 순전한 호의의 발로였습니다. 사람의 수고나 기술 없이도 산비탈에서 불꽃 같은 샘이 터져 물을 거침없이 쏟아 내는 것같이, 넉넉한 이 자비의 언약도 항상 살아 있고 풍성한 사랑의 마음을 가지신 하나님으로부터 자발적으로 솟아난 것입니다.

　그 더 큰 언약도 분명 그러합니다. 그 언약은 하나님이 그리스도와 맺으신 것이기 때문입니다. 공로를 내세워 하나님의 호의를 간청할 사람이 없었으니, 중보에 합당한 공로도 있을 수 없었습니다. 어떤 것도 하나님 앞에 내세울 공로가 없으니 그 언약을 그들의 행실을 들여 사낼 일도 없었습니다. 하나님은 사람이 악할 것을 이미 잘 아셨기 때문에, 사람의 선함에 대한 기대감으로 그런 언약을 맺으실 수 없었습니다.

　그런데도, "내가 긍휼히 여길 자를 긍휼히 여기고 불쌍히 여길 자를 불쌍히 여기리라 하셨으니"(롬 9:15)라 말씀하신 대로, 은혜로우신 하나님은 자애로우심의 파도를 가진 깊은 바다같이 깊은 사랑의 홍수로 깊은 바다처럼 너른 마음으로 그리스도와 악수하기를 기뻐하셨습니다. 그리스도께서는 우리를 위한 연대적 언약의 머리이십니다. 그래서 하나님은 오직 은혜의 차원에서 우리를 대신하여 그리스도와 언약하신 것입니다.

　우리는 언약이 모두 약속에 속한 것임을 유념해야 합니다. 우리는 언약이 약속의 모든 것임을 주목합니다.

　이 여러 구절의 본문 말씀을 읽으면 충격을 받을 것입니다.

"내가 세우리라."

"그것이 반드시 성취될 것이라."

"내가 … 하겠다. 그렇게 될 것이라."

"내가 … 할 것이라"라는 투의 어법이 그 본문 말씀에 거듭하여 나타나기 때문입니다.

'네가 하라'와 '내가 할 것이다'의 차이를 구분하는 사람은 훌륭한 신학자입니다. 행위 언약은 "네가 행할 것이라", "간음하지 말지니라", "살인하지 말지니라", "도적질하지 말지니라"라는 형식입니다. 그래서 그런 식의 명령 단서를 가진 언약은 항상 사망만 가져옵니다.

그러나 새 언약은 "내가 하리라"입니다. 그리고 언약의 여러 약속을 통해 생명이 우리에게 주어집니다. 은혜 언약은 이렇게 진술되어 있습니다.

"내가 네게 정결한 물을 뿌릴 것이고 그래서 네가 깨끗하게 되리라. 내가 너의 모든 더러움과 우상숭배로부터 너를 건져내 정결하게 하리라."

은혜 언약에서 "네가 … 할 것이라"라는 형식의 말씀이 오더라도 그것은 명령의 방식이 아니라 약속의 방식입니다.

"내가 행할 것이다. 그러면 네가 행할 것이라."

오, 친애하는 성도 여러분!

"내가 할 것이라, 내가 반드시 그리할 것이라"라는 식의 어법에 내재하는 효능을 생각하고 마음으로 즐거워하십시오. 그것은 마치 사망과 지옥도 흔들어 댈 수 없이 요지부동한 기둥과 같습니다. 그 "하리라. 반드시 할 것이라"(shalls, wills)라고 말씀하시는 하나님이 그대로 이루십니다.

그러니 명령하신 하나님이 명령하신 대로 이루시니 그것은 견고하게 서 있습니다. 하나님의 약속에는 '만일 네가'(if you), '그러나'(but), '그럼에도 아직'(yet)이라는 어투는 보이지 않습니다. 확정적이지 못한 의문(疑問)의 영의 어두운 그림자가 거기에는 없습니다.

하나님의 은혜 언약 조항에는 다 "내가 하겠다", "내가 이루겠다"는 식의 어투만 존재합니다. 그러므로 하나님이 그리스도와 언약하실 때, '내 백성이 이것을 행하면 내가 그들을 구원하겠다' 하신 것이 아닙니다. 도리어 '내가 그들을 구원할 것이다. 그러면 그들이 이를 행하리라'는 식이었습니다. 처음부터 끝까지 그 언약의 형식이 그러합니다.

사도 바울은 이 점에 대해 매우 명확하게 말합니다. 정말 복된 서신인 갈라디아서에 사도는 하나님이 그리스도와 맺으신 언약을 "약속의 언약"이라 부릅니다. 그리고 그는 이스마엘과 이삭의 차이를 지적합니다. 사도 바울은 이스마엘은 여종의 아들로서 육체의 본성과 행위를 따라 난 아들로 말합니다. 반면에 이삭은 육체의 본성을 초월하여 하나님의 약속의 자녀로서 선물로 주어진 아들이라고 말합니다.

여러분과 저는 우리에게 무엇인가를 요구하는 언약 아래 있는 것이 아닙니다. 우리는 무조건적 은혜와 무제한적 긍휼로 우리에게 맹세하시고 약속하신 하나님의 언약 아래 있습니다. 하나님이 언약의 모든 후손에게 "내가 행하리라", "내가 이루리라"는 약속을 하셨습니다.

더 나아가 하나님의 이 무지개 언약은 지금까지 충실하게 지켜졌습니다. 제가 이 신실한 언약을 의존하고 있는데 그렇게 하는 것이 나 혼자만은 아니라는 생각을 하면 마음에 힘이 생깁니다. 왜냐하면, 지면의 모든 생물(生物)이 다 하나님의 변치 않는 언약을 힘입어 살고 있기 때문입니다. 그 무지개 언약으로 인해 세상이 홍수에 피해를 받지 않게 보존되고 있습니다.

언약의 보유권을 가지는 일은 정말 보장을 받습니다. 노아 이후 수천 년이 지났어도 세계가 홍수로 멸해진 적이 없었습니다. 노아와 그 가족들이 잠든 이후 물속에 잠겨 있는 땅이나 물 밖에 나와 있는 땅이나 여전히 건재합니다. 그것은 바로 그 무지개 은혜 언약 때문입니다. 세계가 제거되거나 변경되지 않은 것은 바로 그 언약의 조항이 무산되지 않았기 때문입니다.

오, 성도 여러분!

여러분은 절대 전복되지 않을 장막 안에 거하고 있습니다. 하나님은 결코 자기 백성을 놓치거나, 자기가 택한 백성들을 내버리지 않으실 것입니다. 하나님이 약속하신 것은 그 어느 것, 어느 조항도 이루어지지 않거나 못 믿을 것이 없습니다.

사랑하는 여러분!

노아 언약이 그러하고 은혜 언약도 그러합니다. 그 언약은 어느 정도라도 사람의 행실 여부에 달린 것이 아닙니다. 무지개가 구름에 걸려 있습니다. 그러나 그 무지개가 이렇게 말하지 않습니다.

"네가 무지개를 보고 내 언약을 기억할지어다. 그러면 네가 그렇게 행하는 그것을 보고 내가 땅을 멸하지 않을 것이라."

오히려 무지개 언약은 변하기 쉽고 유약하기 그지없는 우리의 기억에 의존하여 영광스럽게 서 있는 것이 아닙니다. 도리어 무한하시고 불변하시는 하나님의 기억에 기록되어 있습니다.

> 무지개가 구름 사이에 있으리니 내가 보고 나 하나님과 모든 육체를 가진 땅의 모든 생물 사이의 영원한 언약을 기억하리라(창 9:16).

그 언약의 효력은 하나님을 기억하는 나의 기억력 여부에 달린 것이 아니라 나를 기억하시는 하나님께 달린 것입니다. 내가 그 하나님의 언약을 붙잡는 힘에 그 언약의 효력이 달린 것이 아니라 나를 붙드시는 하나님께 그 언약의 효력이 달린 것입니다.

하나님께 영광을 돌릴지어다!

언약을 기억하는 일마저 우리의 기억의 충실성 여부에 달린 것이 아닙니다. 우리는 그 언약을 망각할 수도 있습니다. 오직 우리 주 하나님은 자신의 손바닥에 새긴 성도의 이름을 잊을 수도 없고 잊지도 않으십니다.

애굽 땅에 있던 이스라엘의 경우가 오늘 우리의 경우를 대변합니다. 어린 양의 피가 집 문설주와 문지방에 발라졌습니다. 그러나 하나님이 "네가 피를 볼 때 내가 너를 넘어 가리라"라고 말씀하신 것이 아닙니다. 도리어 "내가 그 피를 볼 때 내가 너를 넘어 가리라"라고 하셨습니다.

내가 예수님을 바라보면 기쁨과 평안이 밀려옵니다. 그러나 나와 택하신 모든 백성의 구원 확정이 하나님이 예수님을 바라보심 속에 있습니다. 하나님이 그리스도를 바라보실 때 이미 그 안에서 심판하신 우리의 죄에 대한 분노를 다시 일으키지 못하시기 때문입니다. 정말 그러합니다.

사랑하는 성도 여러분!

우리가 언약을 기억함으로 말미암아 우리의 구원이 확보된 것이 아닙니다. 피조물의 실오라기 하나라도 하나님이 짜신 피륙을 건드려 상하게 할 수 없습니다. 우리는 순금과 같은 하나님의 언약을 받은 것이지 도금한 것과 같은 것을 받은 것이 아닙니다. 그 언약의 효력은 사람에게 속한 어떤 것으로 말미암지 않고 오직 주 하나님으로부터 난 것입니다.

물론 우리가 그 언약을 기억해야 합니다. 그 일도 하나님의 은혜로 말미암아 하는 것입니다. 그러나 우리가 언약을 기억하는 거기에 그 언약 효력을 좌우하는 돌쩌귀가 있는 것이 아닙니다. 우리가 하나님을 기억하는 것에 그 효력이 달린 것이 아니라 하나님이 우리를 기억하심이 그 효력을 보장합니다.

그러니 이 모든 이유를 근거로 그 언약이 영원한 것입니다. 하나님이 하늘에서 이 무지개 언약을 확증하셨습니다. 그와 같이 은혜 언약도 잠정적이거나 지나가는 것이 아닙니다. 그 언약은 어제나 오늘이나 영원토록 동일합니다. 은혜 언약이 오늘 이 시간에 여러분에게 복되다면, 여러분이 늙어도 복되고, 죽음의 순간에도 복되고 부활할 때도 복될 것입니다. 아니 그 언약이 여러분에게 복될 것입니다.

　시간이 흘러도 그 언약의 규정들 중에 한 조목도 달라지지 않습니다. 여러분이 여러 세기를 지나다녀 보고 영원한 나라로 들어왔다 합시다. 그래도 은혜 언약의 한 조목, 한 어구도 변한 것을 결코 발견하지 못할 것입니다. 그래서 그 언약의 조항 중 한 글자도 변하지 않고 반드시 영원히 효력을 가질 것입니다.

　하나님께 대해 이 은혜 언약의 교리보다 더 연구할 만한 것이 무엇입니까?

　우리 청교도 선진들은 그 언약에 대해 많이 설교했습니다. 청교도의 제2 세대라 할 수 있는 스코틀랜드 신학자들은 항상 하나님의 언약에 관한 연구에 몰두했습니다. 은혜 언약의 교리들을 연구한 목사가 자기 사역의 갈피를 못 잡거나 복음이 아닌 것도 아니고 복음인 것도 아닌 방식의 설교를 하기는 정말 쉽지 않습니다.

　사랑하는 동역자 친구 여러분!

　서로 상반되는 율법의 언약과 은혜 언약을 생각할 때, 다음과 같은 요점이 강하게 여러분의 마음에 떠올라야 합니다. 자신이 죄인임에도 불구하고 여전히 그런 것 때문에 망설이지 않고 한 죄인으로서 죄인에게 복음을 설교할 수 있습니다. 죄를 지은 성도를 향한 여전한 하나님의 사랑은 변함이 없음을 우리는 믿을 수 있습니다.

　하나님의 뜻과 권능의 차원에서 말한다면, 택한 백성들에게는 그들의 어떤 비행에도 불구하고 그들의 구원이 위협받아 취소되는 일이 절대 일어나지 않습니다. 그들을 그리스도 안에서 구원하겠다고 맹세하시고 그리스도 안에서 그들을 사랑하시어 믿음을 주신 하나님이 너무나 확실하게 그들을 구원하시어 영광에 이르게 하실 것입니다.

　하나님의 택한 백성 중 한 사람이라도 저주받지 않게 하시려고 땅이 물로 멸망하는 일을 절대 허락하지 않으십니다. 우리는 땅이 불로 소멸할 것을 알고 있습니다. 산들이 떠나가고 산언덕이 없어지는 그날에, 하나님의 은혜 언약이 굳게 설 것이며 그 언약에 참여한 자들 모두를 하나님이 생각하여 아끼실 것입니다.

2. 언약의 표징을 보는 때

사실 하나님이 누구신지 생각하면 하나님의 언약에 대한 징표는 진혀 필요없습니다. 그러나 우리 마음의 연약과 불신앙, 하나님의 약속을 부단하게 망각하는 우리의 연약함 때문에 언약의 징표가 주어지는 것입니다. 무지개는 노아 언약의 상징이며, 예수 그리스도께서는 언약의 장본인이면서 그 은혜 언약의 상징이시기도 합니다. 그분이 하늘에서 우리를 위한 충성스러운 증인이십니다.

이제 우리는 언제 그 언약의 징표 보기를 기대할 것인지를 살펴봅시다. 무지개는 구름 위에 그려져 나타날 뿐입니다. 언약의 징표가 필요할 때가 아니면 그런 징표를 기대하지 마세요. 주 예수께서는 할 수 있을 때 우리의 믿음에 우리 자신을 맡기게 역사하십니다. '보는 것으로가 아니고 오직 믿음으로 행하는 것'이 더욱 건전하고 믿음에 더 큰 힘을 얻게 합니다.

징표는 우리 믿음이 어릴 때는 도움을 줍니다. 그러나 어른이 될 때 그런 표징들이 필요 없습니다. 절뚝거리지 않고 똑바로 걸을 수 있는 사람들에게는 지팡이가 필요하지 않습니다. 눈이 성하여 시력이 좋은 이들에게는 안경이 불필요합니다. 그와 같이 믿음이 왕성한 상태의 사람들에게 언약의 징표들은 불필요합니다.

주 하나님은 필요하다 여기실 때 언약의 징표를 주십니다. 마치 구름이 있을 때 무지개를 주시는 것과 같이 말입니다. 땅을 덮었던 구름 중에서 가장 큰 구름이 갈보리 언덕을 덮어 흑암으로 덮었습니다. 태양이 일식으로 인해 그 빛이 가릴 때가 있었습니다.

인간의 죄로 인해 하나님의 진노가 극에 달했을 때 사나운 폭풍과 폭우가 쏟아져 땅은 흑암과 공포로 뒤덮였을 때, 하나님은 바로 그 어두운 흑암 위에 무지개를 그리셨습니다. 예수님이 십자가에 높이 달리심으로 말미암아 자신을 제물로 드려 피를 쏟으시어 속죄를 이루셨기 때문입니다.

죄인이 자기의 옛 죄를 기억하고 울며 하나님 앞에서 애통하여 그 양심이 구름으로 가득 덮여 어두울 때, 예수 그리스도께서 언약의 무지개로 나타나시어 그에게 평안을 선포하십니다.

믿는 자가 여러 시련과 유혹으로 둘러싸여 깊은 영적 침체에 빠져 어찌할 줄을 모를 때, 우리 주 예수 그리스도를 우러러보는 일은 얼마나 달콤한 위로가 되는지요!

예수님은 바로 그때 우리의 모든 죄와 슬픔과 염려의 구름 위에 나타난 무지개와 같습니다. 우리 서둘러 우리의 반석이신 예수님께 나아가 우리를 위로하시는 모습을 보여 주시길 구하십시다!

그분은 우리 영혼에 다시 언약의 무지개와 같으실 것입니다.

구름만으로는 무지개가 뜰 수 없습니다. 비가 있어야 합니다. 햇빛을 굴절시키는 수정같이 맑은 물방울이 있어야 무지개가 뜹니다.

사랑하는 여러분!

그와 같이 우리의 슬픔이 우리를 위협할 뿐 아니라 실제 우리 영혼에 비같이 떨어져야 합니다. 만일 공의로 응보하시는 하나님의 진노가 그저 위협 정도로 그치고 말았다면, 우리를 위하시는 그리스도는 존재하시지 않았습니다.

실제로 그 하나님의 공의의 보응이 가공할 방울들로 그리스도께 떨어져야 했습니다.

그리스도께서는 하나님의 공의의 보응도 되시고 하나님의 사랑도 되십니다. 그러므로 만일 죄에 대한 하나님의 공의의 보응의 심판이 사실이 아니었다면, 그분이 우리에게 오셨을 리 없습니다. 죄인의 양심에 고뇌의 실상이 존재하지 않는다면 죄인을 위한 그리스도 역시 안 계십니다.

여러분이 죄에 대한 하나님의 징계를 맛보며 애통해하는 것이 없다면, 예수 그리스도 보기를 기대할 수 없습니다. 아마 여러분 중에 그리스도를 슬쩍 보기만 한 이들도 있을 것입니다. 그리고 그리스도께서 친히 찾아오신 이들은 아주 적습니다. 그렇게 양심에 고통을 적게 느끼고 있으니 말입니다.

오늘날 거의 모든 성도가 지나간 수 세기 동안 성도들이 늘 예수님을 가까이하고 싶어 하던 것과는 다른 모습을 보이는 이유가 무엇일까요?

우리가 그들이 겪었던 박해의 소낙비를 크게 맞지 않은 데서 그 이유를 찾을 수 있지 않을까요?

빗방울이 있어야 무지개가 뜹니다. 하나님의 진노의 보응이 실제로 시행되지 않으면 그리스도가 보이지 않습니다.

그러나 무지개가 뜨려면 햇빛이 있어야 합니다. 구름과 빗방울만 있고 햇빛이 없으면 무지개는 뜨지 않습니다.

사랑하는 여러분!

우리 하나님이 우리에게 해와 같이 늘 비취시나 우리는 언제나 하나님을 보는 것은 아닙니다. 구름이 그 하나님의 얼굴을 가리고 그 구름이 비가 되어 떨어지며 우리를 위협한다 할지라도 문제가 되지 않습니다. 하나님이 해와 같이 우리에게 비취시면 단박에 무지개가 뜰 것이기 때문입니다.

복되신 보혜사 성령께서 "하나님의 사랑을 우리 마음에 부으시고"(롬 5:5)

우리가 "아바 아버지"라고 하나님을 부를 수 있고, 하나님 아버지의 사랑과 평안의 호흡이 우리를 고무할 바로 그때가 있습니다. 바로 그때 우리는 예수 그리스도를 보게 되고 그 아들 안에서 아버지 하나님을 우러러보게 됩니다.

무지개가 뜨면 소나비가 그친다고 합니다. 정말 그러합니다. 그리스도께서 우리에게 임하시면 우리의 고통은 끝이 납니다. 예수님을 뵙게 되면 우리의 죄는 사라지고, 예수님의 명령 앞에 우리의 의심과 두려움이 잦아듭니다.

주님이 바닷물을 밟고 걸으실 때 파도가 잠잠해질 것입니다. 그러나 어떤 이들은 무지개가 뜨면 소나기가 내리고 날씨가 나빠질 것을 보여 주는 활 모양의 표호라고 합니다. 아마 그 말도 사실일 것입니다. 분명하게 말하여, 그리스도께서 보내시는 사랑의 징표를 받을 때는 어떤 어려움이 닥쳐오고 있음을 알고 마음의 준비를 하는 것이 좋을 수 있습니다.

주님은 자기 백성들이 전투를 감당하기 전이나 후에 잔칫집으로 인도해 들이시기 때문입니다. 아브라함이 대적 왕들을 다 도륙했을 때 멜기세덱이 그를 만나러 나왔습니다. 언제나 하나님의 사랑의 징표들을 의존해서 살려고 해서는 안 됩니다. 우리를 사랑하시는 예수님은 우리가 단순한 믿음으로 삶을 영위하기를 원하십니다.

그러므로 우리는 아무 빛도 보이지 않는 어둠 속에서라도 믿음으로 걸어갑니다. 그런데도 무지개들은 즐거운 광경입니다. 예수님을 뵙는 것은 환희에 찬 황홀한 일입니다. 그러나 폭풍이 지나가거나, 다른 폭풍우가 다가오거나, 구름이 있거나 빗방울이 떨어지는 일이 없을 때는 그리스도를 뚜렷하게 보는 것을 기대할 수 없습니다. 하나님의 얼굴빛이 특별하게 여러분에게 비춰는 경우가 아니면 그렇게 예수님을 뚜렷하게 인식하는 것을 기대할 수 없습니다.

3. 하늘에 계신 우리 언약의 증인이신 그리스도 안에서 우리가 무엇을 보는가?

우리가 무지개 안에서 보는 것을 그리스도 안에서 봅니다. 곧 초월적 영광과 아름다움을 봅니다. 무지개를 쳐다보면서 놀라움과 감탄을 연발하니 지루할 틈이 없습니다.

저는 여러분이 무지개 그림을 주목하면서 한 가지 좋은 것을 보셨는지 모르겠습니다.

그것을 보신 적이 있나요?

무지개를 그림으로 그리기는 하나 실제 무지개를 만드는 것은 불가합니다. 아무리 사람의 기예로 색깔을 녹이고 배합하여 무지개를 그린다 해도 하나님의 솜씨에 견주어 이기는 것은 불가합니다.

당신의 팔레트에 검은 구름을 담고 거기에 햇빛을 당신의 연필에 대고 그림을 그리시는 그 완전한 미술가이신 하나님과 맞서 견줄 미술가가 어디 있습니까?

그러나 내가 나의 주 예수님을 그 무지개에 비교할까요?

그렇게 하면 나는 불의를 행하는 것입니다. 여러분은 여러분을 만족하게 하는 예수님의 얼굴 초상화를 본 적이 없을 것입니다. 앞으로도 못 볼 것입니다. 미술가들이 가룟 유다를 그릴 수는 있습니다. 베드로의 머리를 그린 그림들이 몇 있습니다. 요한의 얼굴을 상상하여 그린 아름다운 그림들도 있습니다. 미술가들이 막달라 마리아도 그릴 수 있습니다.

그러나 예수 그리스도를 만족하게 그려 낸 자는 없습니다. 지금까지 지상에서 살았던 미술가 중에 예수님의 얼굴 표정을 제대로 포착하여 그림으로 표현한 자가 없습니다.

우리는 그분의 성품의 아름다움에 대해 말하고자 하면, 그저 아가서의 신부가 자기 신랑을 노래한 말로 말씀을 입으로 토해 내야 하지 않을까요?

> 입은 심히 달콤하니 그 전체가 사랑스럽구나 예루살렘 딸들아 이는 내 사랑하는 자요 나의 친구로다(아 5:16).

무지개는 옛 시인들과 방랑 음유 시인들에게는 하나님이 지정하신 메신저로 보였습니다. 호머(Homer)는 무지개를 가리켜 "신들의 메신저"라 했고, 옛 신화(神話)들은 "주노의 메신저 이리스"라고 말했습니다. 그들은 누가 무지개를 보냈는지는 몰랐고, 무지개가 무슨 사명을 띠고 나타났는지도 몰랐습니다. 그런데도 그들은 무지개를 하나의 신의 대리자로 인식했습니다.

실로 그리스도께서 우리가 기뻐하는 하나님 언약의 언약 메신저시요, 하나님의 위대한 대사로서 우리의 '화평'이시며, '만국의 바라는 자로 오실 자'시고, '만왕의 왕, 만주의 주로 오실' 분입니다.

오, 복된 무지개시여!

당신의 아름다움이 우리 눈앞에 나타날 때가 언제인가요?

언제 만국의 왕들이 당신 앞에 엎드려 자기 통치의 규례와 왕관을 당신 앞에 던지게 될까요?

저는 무지개 안에서 그리스도 안에서 하나님의 공의의 보응이 만족되었음을 봅니다. 그 무지개가 전사(戰士)의 권능을 상징하지 않습니까.

그 전사는 멀리까지 날아갈 화살을 시위에 먹이고 계시니, 원수들에게 화가 있으리로다!

영웅이 자기 활을 벽에 걸어 놓고 있으면, 전쟁이 끝나고 평화가 선포되었음을 뜻하지 않습니까?

영웅이 자기 활을 분해하고 화살도 그냥 놓아두고 있으면, 그것이 더 이상 대적들을 사냥하러 나가지 않을 것을 뜻하지 않나요?

그의 화살들은 더 이상 '살육당한 자의 피에 적실 일이 없을' 것입니다. 그래서 자기 활의 시위도 풀어 놓고 화살도 함께 두지 않고 그저 활만 높이 걸어 둡니다. 무지개가 바로 그와 같은 것을 보여 줍니다. 활이 높이 걸려 있습니다. 그리스도께서 그와 같으신 분입니다.

그리스도는 하나님의 활입니다. 지존자의 위엄한 손에서 연마된 활촉과 같으신 분이 그리스도십니다. 그러나 자는 그분을 봅니다. 여전히 모든 대적을 멸하실 수 있는 활이시나 활시위가 없는 활이십니다. 그분이 하늘에서 땅으로 내려오시어 구유 안에서 잠드셨을 때 그 활시위는 내던지셨습니다.

오, 화살이 없는 활이시여!

사랑하는 여러분!

그리스도께서 하나님의 공의의 보응을 만족하게 하셨습니다. 그분의 손에 낀 밝고 눈부신 보석들은 하나님이 사람에게 더 이상 공의의 대가를 치르라 요구하지 않으심을 보여 주는 표징입니다.

그럼에도 무지개는 아직은 공의의 보응 자체는 우리 자신에게 걸려 있다는 징표입니다. 여러분은 무지개는 부러지지 않는 활임을 봅니다. 주 하나님은 그 활을 무릎으로 분질러 버리지 않으셨습니다. 여전히 활로 건재하고 있습니다. 공의와 그 보응은 여전히 살아 있습니다.

그러나 그 공의의 보응이 어느 방향을 향하고 있습니까?

무지개의 활 모양이 위를 향해 둥그렇게 굽어 있습니다. 우리를 향해 화살을 쏘는 자세가 아니고 우리를 위해 화살을 쏘는 형국입니다.

만일 우리가 활시위를 먹일 믿음이 있고, 우리가 힘을 다하여 활시위를 영광스럽게 당겨 우리의 기도와 찬미와 소원의 화살을 하나님의 보좌를 향해 쏘아 올릴 수 있다면, 얼마나 좋겠습니까!

그렇게 할 수 있는 사람은 정말 권능을 가진 자요, 그의 믿음은 무한한 힘을 가졌습니다. 그는 활시위에 기도의 화살을 먹이고 힘 있게 활을 당겨 하늘에까지 미치게 쏘아 올릴 힘이 있는 자입니다.

그런데 그 무지개는 활은 검거나 피와 같이 붉은색만으로 된 것이 아닙니다. 즐겁고 밝은 여러 색조로 칠해진 활입니다. 그래서 나에겐 마치 하늘이 기쁨의 광채를 내려뜨려 보이면서 천사들이 노래하는 것과 같이 보입니다.

> 지극히 높은 곳에서는 하나님께 영광이요 땅에서는 하나님이 기뻐하신 사람들 중에 평화로다(눅 2:14).

천사들이 영광의 기치 앞에서 깃발들을 펄럭이며 궁창의 하늘에 높이 걸어 놓은 것 같습니다. 하늘이 영광스러운 깃발을 걸어 놓고 하나님이 그리스도로 만족하셔서 사람과 화평하기를 기뻐하시어 사람의 기뻐하는 것을 기뻐하시고 사람이 즐거워하는 것을 즐거워하심을 드러내십니다.

믿는 이들이여!

그리스도를 우러러보십시오. 하나님의 기쁨을 주목하십시오. 그러면 여러분의 영혼은 환희와 즐거움으로 충만해질 것입니다.

우리는 무지개 속에서 우리에게는 그저 백색으로만 보이는 빛의 한 색깔을 봅니다. 그런데 그 빛을 굴절을 일으키는 광학렌즈에 통과시키면 여러 구별되는 요소가 섞여 조화를 이루고 있음을 봅니다. 거기에는 우리 눈으로 보는 빛깔보다 더 많은 빛깔이 있을 것은 의심할 여지가 없습니다. 우리 눈의 스펙트럼은 어떤 분량의 색조만 알려 줍니다. 그러나 가장 낮은 곳에 있는 것이나 가장 높은 곳 위에는 다른 색깔들이 있을 것입니다.

하나님 안에는 저와 여러분이 볼 수 있는 것보다 무한히 더 많은 것이 있습니다. 빛을 분해하고 분석하면 보이는 최선의 광경 중 하나가 무지개를 통해 드러난 것입니다.

무지개를 보면 여러 색깔이 질서 있게 잘 정돈되어 있음을 봅니다. 그래서 여러분은 적색 요소를 녹여 오렌지 색조를 띠게 할 수 있고, 오렌지는 노랑 색깔로, 노랑 색은 여전히 초록으로, 초록은 청색으로, 청색은 남색이나 보랏빛을 띠게 할 수 있습니다. 무지개 안에 그 모든 요소가 하나도 빠짐 없이 다 질서 정연하게 조화를 이루며 들어 있습니다.

하나님의 성품은 하나입니다. 하나님의 본질이 그렇게 하나이듯이 말입니다. 그런데도 무지개를 통해 여러 색조로 보이게 하시듯이, 우리가 읽을 수 있게 하나님의 본질을 보여 주십니다. 하나님의 본질도 굴절을 시켜 분해해 볼 수 있습니다. 그렇다고 조화를 잃어버려도 되는 것이 아닙니다.

그리스도를 본 자는 "아버지를 보았습니다." 무지개를 본 사람은 '광명'을 본 것입니다. 그리스도를 뵈 온 자들은 광명을 본 자입니다. 그리스도를 본 자는 아버지를 보았습니다. 그들은 하나님의 공의를 본 자입니다.

하나님의 공의가 녹여져 하나님의 진리와 섞였습니다. 그리고 하나님의 진리가 하나님의 긍휼 속에 녹아 있습니다. 그리고 그 긍휼은 하나님의 사랑 안에 녹아 있습니다. 그리고 그 사랑은 하나님의 미쁘심과 접촉하고 있습니다. 그렇게 모든 하나님의 속성마다 서로 필요해서 연접하여 함께 서 있습니다. 그 여러 색이 질서 정연하게 제자리를 지키며 조합하여 둥근 모양의 무지개 전체의 아름다운 색조의 음악을 만들어 내듯이 말입니다.

사랑하는 교우 여러분!

그리스도께서 그러하신 분입니다. 우리가 예수 그리스도를 이해할 수만 있다면, 하나님에 관해 실수할 수 없습니다. 예수님 안에서 저는 빨간 색깔의 공의를 발견합니다. 그 공의는 긍휼히 전혀 없는 것같이 매섭습니다. 그러나 나는 그리스도 안에서 사랑도 봅니다.

정말 무한한 사랑이여!

그 모든 요소가 다 그리스도 안에 분명하게 존재하고 있습니다.

그리스도 안에 하나님 전체가 기록되어 있습니다!

물론, 이 땅에서 살 때는 하나님 전체를 전혀 뵐 수 없습니다. 그럼에도 한 가지 요점을 무리하게 강조하지 않더라도 그리스도 안에서 계시가 된 대로 우리가 볼 수 있는 것을 다 말할 수 있습니다. 그리스도 안에 계시가 된 하나님 진리의 절반(무지개의 원형 절반만 보이듯이)을 사닥다리 삼아 하나님의 고상한 영광 자체를 향해 올라갈 수 있습니다.

하나님의 보좌에 이르기 전에는 이 세상에 있을 때 우리가 볼 수 없는 다른 절반이 있습니다. 그리고 나머지 볼 수 없는 하늘에 있는 무지개의 절반은 우리가 지상에 있을 때 보는 것과는 차이가 납니다. 거기 하늘에는 '에메랄드 같은' 것이 있기 때문입니다. 그 색조는 초록색이 주를 이루는 것입니다. 하나님의 자비와 사랑의 은은한 광채가 불 같은 공의의 적황색을 이기는 것같이 보일 것입니다.

4. 우리가 예수 그리스도께 어떻게 행해야 마땅한가?

무엇보다 먼저 우리는 어린아이들과 같이 행동합시다.

어린아이들이 손뼉을 치며 기뻐하며 달려갑니다.

"아버지, 무지개가 떴어요!"

아이들은 무지개를 보려고 밖으로 달려나갑니다. 그리고 그 무지개의 끝을 볼 수 있을지 궁금해합니다. 어린아이들은 자기들이 그 무지개를 잡을 때까지 달려가게 아버지가 내버려두었으면 하고 바랍니다. 그리고 무지개를 보고 또 보고 계속 바라봅니다. 소낙비가 점점 약해지고 그치면 무지개가 사라져 버립니다. 그러면 그들은 그 찬란한 광경을 놓친 아쉬움 때문에 슬퍼합니다.

사랑하는 교우 여러분!

우리는 어린아이들과 같이 됩시다. 그리스도를 생각할 때마다 어린아이들과 같이 되어 그리스도를 바라보고 또 바라보시기 바랍니다. 우리가 그리스도를 얻기를 갈망해야 합니다. 사라지는 무지개와 달리 그분에게까지 미칠 수 있습니다.

그 신적 무지개를 좇아가세요. 그분의 발밑에 이르러 그분을 호옹할 때까지 그리하세요.

우리가 참된 무지개 되신 그리스도를 응시하면서 찬미와 감탄을 아끼지 말아야 하지 않겠어요?

옛 나라 중에는 무지개를 볼 때 항상 찬미를 부르곤 했다 합니다.

우리도 그리스도를 볼 때마다 그렇게 해야 않겠어요?

그날 우리의 일기장에 적색으로 표시하며 그날을 기념해야 하지 않겠어요? "이날 우리 그분의 이름을 높이 찬미합시다."

다시 우리가 그리스도를 바라볼 때마다 겸손하게 우리의 죄를 고백해야 마땅합니다. 옛 작가는 말하기를, 유대인들은 무지개를 볼 때마다 자기들의 죄를 자백했다 합니다. 저는 확실하게 말할 수 있습니다. 우리가 그리스도를 바라볼 때마다 그리스도께서 우리를 그 하나님의 진노 홍수와 지옥의 불꽃에서 건져내신 것을 기억해야 마땅합니다. 그리하여 티끌 가운데 겸손하게 엎드려 그분께 사랑과 찬미의 제사를 드리며 그분의 이름을 높여야 마땅합니다.

여러분 중에 어떤 이들에게는 오늘 이 설교에서 아무것도 얻지 못했을 수도 있습니다. 하나님의 은혜 언약을 붙든 적이 없으므로 말입니다. 그런 분들은 아직은 예수님을 믿지 않고 있습니다. 그리스도를 단순하게 믿는 것이 여러분이 그 언약에 참여했다는 증거입니다.

만일 여러분이 주 예수 그리스도를 마음을 다하여 믿으면 여러분의 이름이 그 복된 그리스도의 생명책에 기록됩니다.

만일 여러분이 그리스도를 믿지 않으면, 여러분의 성품이 아무리 훌륭하고 여러분의 업적이 아무리 좋아도 죄 가운데서 망하게 될 것입니다.

그리스도를 정말 믿고 믿으세요, 그리하여 그 복된 언약의 신적 무지개의 아치 아래 자신을 들이미세요. 그러면 그 복된 언약의 영광스러운 색깔들을 보게 되어 아주 기쁘고 즐거워할 것입니다. 그렇게 되면 이 땅에 아무리 무서운 재난이 덮쳐 와서 흔들어 대고 참화가 일어나 인류를 고통받게 해도, 여러분은 안전할 것입니다.

제2장

제목: 항상 은혜를 공급하시겠다는 약속

■ 본문: 이사야 27:3

■ 설교 요약

주 하나님은 계속하여 자신의 포도원을 위해 새로운 양분을 공급하실 것을 약속하신다. 주께서 친히 심으신 모든 것을 자라게 하시니 말이다. 친히 자신의 포도원에 거하는 자들 모두의 필요를 채워 주신다.

■ 이 설교에서 기억할 만한 문구

"주의 말씀은 너무나 진실하여 주 하나님이 자기 백성 전체에 약속하신 것을 그 백성 한 사람 한 사람을 위해 이루실 것을 우리는 서슴없이 믿을 수 있습니다."

"하나님은 자신이 하신 약속을 파기하시거나 그 약속 성취를 중단하시는 일은 결코 없습니다."

Spurgeon on Resting in the Promises of God

제2장
항상 은혜를 공급하시겠다는 약속

> 나 여호와는 포도원지기가 됨이여 때때로 물을 주며 밤낮으로 간수하여 아무든지 이를 해치지 못하게 하리로다(사 27:3).

주 하나님이 공의를 시행하시려고 마음을 쓰실 때도 여전히 그 백성을 향하신 사랑의 열심을 버리지 않으십니다. 우리 하나님의 공의의 보응을 시행하는 날도 주 하나님의 은혜를 받을 만한 해에 속합니다. 우리가 살펴보고 있는 성경에서 이사야 선지자는 다음과 같이 말합니다.

> 보라 여호와께서 그의 처소에서 나오사 땅의 거민의 죄악을 벌하실 것이라 땅이 그 위에 잦았던 피를 드러내고 그 살해당한 자를 다시는 덮지 아니하리라(사 26:21).

그러면서 그는 주께서 크고 강한 칼로 무장하여 그 원수들을 쳐서 치명상을 입히리라 예고합니다(사 27:1). 그럼에도 주 하나님이 전투에 나가시려 무장

하시기 전에 그분의 의분의 태풍이 지나기까지 문을 닫고 피해 있을 피난의 밀실을 마련하셨습니다.

> 내 백성아 갈지어다 네 밀실에 들어가서 네 문을 닫고 분노가 지나기까지 잠깐 숨을지어다(사 26:20).

전쟁터의 절규 소리도, 주님의 사랑하시는 백성들을 기억하시고 그 백성을 향한 사랑의 노래를 부르시는 일을 멈추게 못 합니다.

> 그날에 너희는 아름다운 포도원을 두고 노래를 부를지어다 나 여호와는 포도원지기가 됨이여 때때로 물을 주며 … (사 27:2-3).

하나님의 진노의 날에도 하나님의 은총으로 만족한 백성은 행복합니다. 은혜의 복된 상속자들은 하나님의 의롭고 가공할 분노를 들으면서도 "나는 포도원에 대하여 노함이 없나니"(사 27:4)라는 말씀을 기억합니다.

주 하나님은 자기 교회 전체를 향해 사랑을 부으실 때도 그 교회의 지체 하나하나를 다 기억하고 계십니다. 포도원을 향한 관심이 그 포도원에 심어 놓으신 포도나무에 가 있습니다. 그래서 주의 말씀은 너무나 진실하여 주 하나님이 자기 백성 전체에 약속하신 것을 그 백성 한 사람 한 사람을 위해 이루실 것을 우리는 서슴없이 믿을 수 있습니다.

주님의 말씀은 너무 진실하여 일반적 진술을 통해 근거 없이 막연히 기대하게 하는 식이 아닙니다. 몇 가지 예외 사항이 있다 할지라도 말입니다. 우리는 항상 안전하게 다음과 같은 결론을 내릴 수 있습니다. 주님이 믿는 어떤 한 사람의 영혼이 어떤 특권만은 누리지 못하게 하시려는 뜻을 가지셨다면, 그것을 미리 언급하셨을 것입니다. 하나님은 자기의 사랑하시는 백성 중 어떤 한 사람의 복됨을 방해하는 어떤 것도 어두운 땅의 깊음 속에서 은밀하게 말씀하신 적이 없기 때문입니다.

사랑하는 성도여러분!

저와 여러분을 포함한 우리 주 그리스도 예수님을 믿는 겸손한 모든 영혼 하나하나의 영적 생명이 누리는 사랑의 특권이 그러합니다.

> 나 여호와는 포도원지기가 됨이여 때때로 물을 주며 밤낮으로 간수하여 아무든지 이를 해치지 못하게 하리로다(사 27:3).

이 보배로운 약속을 묵상하면 할수록 그 풍성함이 더 드러납니다. 성령께서 이 약속을 묵상하는 동안에 우리 영혼에 물을 주시기를 바라나이다. 따뜻한 기후 속에서 비옥한 땅에 물을 주는 것은 정말 진수와 같습니다. 물이 필요해 주기는 하나 그 일을 조심스럽게 해야 합니다. 조심해서 물을 주지 않으면 나중에 농부가 열매를 수확할 소망을 두지 못합니다.

에덴동산에 네 강이 발원하여 에덴동산을 적시는 일은 동산의 녹지(綠地)를 만드는 데 여간 중요한 일이 아니었습니다. 아직 비가 와서 지면을 적시지 않았을 때, 그렇게 땅에서 솟아 나온 물이 지면을 적셨습니다. 땅의 식물들에 물이 필요하고 정말 보배롭듯이, 주 하나님은 우리에게 자신의 은혜가 보배롭고 절실함을 가르치십니다. 그리고 우리 영혼을 더 즐겁게 할 은혜를 계속 공급하실 것을 약속하십니다.

우리에게 주어진 약속들 안에 있는 주 하나님의 선하심을 높이 평가하기 위해, 물 주는 것같이 우리에게 약속된 방식으로 은혜가 공급될 필요성이 무엇인지, 그리고 주 하나님이 반드시 그리하실 것이라는 확실성이 어떠한지 숙고하고자 합니다.

1. 우리에게 물 주는 것같이 은혜가 공급될 필요성

　본문에서 약속된 물 주기가 크게 필요합니다. 약속 자체만으로도 그렇게 결론을 내릴 수 있습니다. 성경 전체에 나오는 약속의 말씀 중에 건성으로 적당하게 주어진 것이 하나도 없으니 말입니다. 모든 성숙한 생명은 끊임없이 하나님의 능력이 부어져 나온 결과임을 생각하면 그 점이 더욱 명료해집니다. 존재한다는 것은 계속적 창조의 소산이기도 합니다.
　피조물들은 스스로 자기의 존재를 지탱할 힘을 전혀 가지고 있지 못합니다. 견고한 반석이나 큰 산들도 매 순간 그것들을 보존하시는 영원한 전능자의 역사가 아니었다면 벌써 녹아 없어져 그림자같이 되어 버렸을 것입니다. 세계는 강한 손으로 힘을 주어 돌리면 돌아가는 바퀴와 같은 것이 아닙니다. 그것은 힘을 주었던 손을 떼어도 한동안은 돌아갑니다. 만물은 하나님이 힘을 발산하여 지으셨고, 그것들이 계속 존재하도록 하나님이 힘을 쓰십니다.
　하나님의 은혜 나라 안에 있는 하나님의 더욱 탁월하고 지고한 작품들에 대해 동일한 법칙이 적용됩니다. 믿는 자들은 뜨인 돌들과 같습니다. 그러나 그 돌들이 떠 있으려면 밑에서 계속 받쳐 주는 손이 있어야 합니다. 성도들은 마치 줄기에서 계속 양분을 빨아들이는 가지들과 같습니다. 그리고 몸의 지체들은 항상 그 몸의 머리로부터 생명을 받아야 합니다.
　하나님을 향해 우리는 시냇물과 같을 뿐이지 우리 자신들이 샘은 아닙니다. 우리는 빛줄기이고 태양 자체는 아닙니다. 등이 항상 불을 밝히려면 그

등을 간검하고 기름을 공급하는 손이 있어야 합니다. 양들은 부단한 돌봄과 꼴을 먹이는 일이 필요합니다.

우리 내면의 생명은 스스로 지탱되지 않습니다. 믿는 자가 한 피조물로서 의존적일 뿐 아니라, 자기가 살아 있고 감각 있고 가르침을 받고 신뢰하는 피조물로서 내적 생명을 느낀다는 것은 그 생명이 있음을 드러내는 한 표지입니다. 그리스도인은 본문 속에 자신의 전적인 연약에 대한 실마리가 보인다고 다투지 않습니다. 그는 자신에게 매 순간 물 주기의 은혜가 절실함을 잘 알고 있습니다.

만일 그런 은혜가 없다면 뿌리부터 말라 결국 자신의 존재가 더 이상 지탱되지 않음을 그는 잘 알고 있습니다. 멈춘다는 사실을 잘 알고 있습니다. 진리가 믿는 자들을 감동하게 할 것이 너무 확실합니다. 왜냐하면, 다른 무수한 것들은 믿는 자의 영혼에 작용하여 그 영혼의 진액을 마르게 하기 때문입니다.

신자가 이 세상에 있다는 것은 마치 물이 없는 마르고 갈증이 난 땅에 심어진 것과 같습니다. 그의 슬픔이 마치 사막의 뜨거운 바람처럼 그의 영혼을 바짝 마르게 하기 십상입니다.

세상의 기쁨은 뜨겁게 달군 오븐의 열기 같이 영혼을 더 곤비하게 합니다. 사탄의 유혹이 우리의 마음을 사납게 하고 마르게 합니다. 생명의 물이 풍성하게 공급되지 않으면 우리의 처지는 그러합니다. 우리 자신을 신뢰하면 금방 우리가 사막의 관목이나 지붕 위에서 자라는 풀같이 됩니다.

우리 속에 내주하는 죄를 제압하지 않고 내버려두면, 그것이 모든 것을 날려 버릴 돌풍같이 되어 영혼의 동산을 황야같이 만들어 버립니다. 하나님이 우리에게 물을 주시고 쉴 그늘을 만들어 주시는 은혜가 멈추어진다면, 우리의 뿌리와 가지가 단박에 마를 것입니다.

살아 계신 하나님 외에는 은혜의 공급원이 없습니다. 은혜의 방편들과 규례들이 있습니다. 그러나 우리 자신의 힘으로는 그런 것들 자체에서 단 하나의 복락도 가져오지 못합니다. 성령께서 이슬과 비같이 우리에게 역사하셔야 합니다. 또 우리가 성령님의 감동을 명할 수도 없습니다. 하늘의 물병이 여호와 하나님의 명하심에 따라 기울어져 땅에 비를 내립니다.

하나님이 그 땅에 물을 주어 새롭게 하시지 않으면, 그 땅의 흙들이 '말라 서로 엉겨 붙어 돌같이 됩니다.' 무한한 하나님의 은혜의 깊은 샘에서 우리가 공급받지 못하면, 영적 물 한 방을 얻을 데가 전혀 없습니다. 주님이 하나님의 강에서 길어 올린 물을 가지고 우리 마음에 붓지 않으시면, 아무도 그런 일을 대신할 자가 없습니다.

기억하십시오.

만일 하나님이 우리에게 물 주는 손을 거두시면 우리가 말라 결국 죽게 될 것을 생각하면 하나님의 물 주심이 우리에게 얼마나 절실한지를 말입니다. 하나님이 우리에게 물 주시는 일을 멈추시면 우리의 잎은 마르고 뿌리도 힘을 잃을 것입니다. 그렇게 되면 열매를 기대하는 일은 무의미하고 그저 불사름에 합당한 자가 될 뿐입니다.

매 순간 물 주시는 하나님의 은혜가 아니면, 아무리 신실한 자라도 내어 버림을 받아 결국 불 못에 던져지기에 합당하게 될 것입니다. 진정 그런 은혜가 아니면, 선지자들도 다 발람같이 될 것이고, 사도들 모두 가룟 유다같이 될 것이며, 제자들 모두 데마처럼 될 것입니다.

그렇게 하나님의 물 주심이 우리에게 절실합니다. 그것도 매 순간 그런 물 주심을 필요로 합니다. 그런 은혜가 아니고는 우리는 죽을 수밖에 없습니다.

2. 물 주시는 하나님의 방식

우리가 지금까지 생각해 온 그 요점은 주 하나님의 영속적 행사에 비추어 나온 것입니다. '매 순간(every moment) 물을 주시는' 하나님의 행사를 주목하십시오. 주님이 포도원에 그렇게 물을 주실 것입니다. 포도원이 그 물 주심이 필요하지 않을 순간이 없습니다. 그와 같이 하나님의 은혜 공급은 부단하게 진행됩니다. 그처럼 주 하나님은 자기 백성들을 밤이나 낮이나 매 순간마다 돌보시는 것입니다.

하나님의 긍휼은 그침이 없습니다. 은혜를 주시는 정한 시간이 없습니다. 아니, 모든 시간이 은혜를 주시는 기한입니다.

우리가 은혜를 구하는 일을 멈출 수 있습니다. 그러나 하나님은 은혜 주심을 멈추시지 않습니다. 하나님의 은혜가 흘러넘치는 데도 우리가 그것을 눈치채지 못할 수는 있습니다. 그럼에도 하나님의 은혜가 흘러넘치는 일이 멈추는 일은 없습니다. 단 한순간도 말입니다.

이 요점은 우리가 우리의 믿음이 끝까지 견지될 것이라고 확신하게 합니다. 우리에게 물 주시어 우리의 믿음을 붙들어 주시는 주님의 행사 때문에, 우리 믿음의 싹이 트고 잎이 나와 무성해지고 결국 열매를 맺는 것입니다.

그렇지 않다면 하나님의 물 주심이 허사요, 하나님의 은혜도 효력이 없으며, 하나님의 목적도 무산될 판입니다. 또 그렇게 되면, 아무도 포도원을 망치게 하지 못하게 하겠다고 하신 말씀이 진리일 수 없겠지요.

'위대한 포도원지기 되시는 분께' 모든 영광을 돌려드립니다!

그분은 자기에게 일을 맡기신 분에게 선한 보고를 하실 것입니다.

"아버지께서 내게 주신 자들 중에 하나도 잃어버리지 않았나이다."[1]

지상에서나 하늘에서나 한순간도 주님이 자기 백성들에게 물 주시는 일을 잊으신 적이 없습니다. 그러므로 한순간도 그 백성들이 목마르거나 망하게 버려둠을 당하는 일이 절대 일어날 수 없습니다. 믿음을 가진 자들이며, 바로 이 요점을 붙들고 거기서 힘을 얻을지어다.

이것이 다는 아닙니다. 주님의 물 주심은 항상 새롭게 하시는 일입니다. 한 번에 많은 분량의 물을 주신 다음에 그 물을 의지하여 살아가도록 한동안 내버려두시는 그런 방식이 아닙니다.

주님은 자기 종들에게 한 번에 충분한 은혜를 주시어 한 달이나 한 주나 하루나 한 시간 동안 주님을 섬기게 하시지 않습니다. 도리어 그 종들이 알지 못하는 '매 순간' 물을 주시어 주님이 그렇게 하지 않으시면 한순간도 주님을 섬길 수 없음을 알게 하시는 것입니다.

주 하나님은 자기 아들 안에 전체 생수의 샘을 두시어, 그 아들 안에 신성(神性)이 충만히 몸 안에 거하게 하셨습니다. 그러나 우리의 경우에는, 우리가 구하여 영생의 샘물을 얻게 하시려고 은혜의 소낙비를 아끼십니다. 그리하여 매 순간 하나님의 무한한 사랑을 새롭게 의존하게 만드십니다. 그렇게 은혜를 새롭게 받으면 매우 즐거운 일입니다. 그러니 우리가 매 순간 주 하나님께 나아갈 이유를 가지게 됩니다.

주 하나님이 친히 물 주시겠다는 약속이 백성 한 사람 한 사람에게 다 해당한다는 사실을 감사함으로 주목해야 합니다.

"내가 친히 네게 물을 주리라."

---

[1] 스펄전은 요한복음 6장 39절을 마음에 두고 이 말을 하였을 것이다. "나를 보내신 이의 뜻은 내게 주신 자 중에 내가 하나도 잃어버리지 아니하고 마지막 날에 다시 살리는 이것이니라" (역주).

제2 원인이나 대리인에게 그 일을 맡기지 않으시고 친히 우리 각자에게 물을 주신다는 진리는 달콤하기 그지없습니다. 제2 원인이나 대리인들이 우리가 궁핍할 때 우리를 낙담시킬 수 있습니다. 그러나 모든 일에 풍성하신 하나님이 친히 모든 성도 각자에게 친히 은혜의 물을 공급하실 수 있고, 영원히 공급하실 것입니다.

주 하나님이 자신의 사랑하시는 아들을 천사들에게 맡기지 않으시고, 그 아들을 중보자로 세우시어 매 순간 친히 자신의 유효한 은혜로 우리를 지키고 물을 주십니다.

이는 주님 편에서 얼마나 우리를 생각하시어 자세를 낮추신 것인지요! 별들의 군대로 별들을 인도하시는 주님이 저와 여러분의 영혼을 찾아오시기 위해 하늘을 활 모양으로 구부리시어 무지개를 띄우시고, 자기 백성 중에서 가장 가난한 자들에게 생명수가 흘러갈 통로가 있도록 배려하십니다. 정원사는 정원에 심어 놓은 나무를 돌보며 나무를 아껴 직접 물을 주거나 나무 주변에 뿌려 수분을 공급하여 주듯이, 주님이 자기 백성을 살펴 백성들 한 사람 한 사람을 유익하게 하려고 은혜를 주시되, 잘 받도록 지혜롭게 나누어 주십니다.

우리는 주님께 늘 함께하여 주심을 정말 필요로 합니다. 그리고 주님은 우리를 사랑하시어 우리와 늘 함께하여 주십니다. 매 순간 우리에게 가까이 계시고, 매 순간 우리에게 물을 주십니다. 정말 매 순간 우리를 사랑하십니다. 그 주님은 우리 키에 맞추어 낮은 자세를 취하심을 통해 우리를 사랑하심을 적극적으로 나타내십니다. 주님의 사랑은 주님이 우리에게 물 주실 기대하게 하고, 실제로 우리에게 물 주시어 그 사랑이 참인 것을 드러내십니다.

주님이 우리를 사랑하심으로 감당하시는 일에 싫증을 느끼시는 적이 없습니다. 우리를 사랑하시어서 하시는 일이 너무 즐거우니, 다른 이에게 대신 맡아 일하라 하지 않으실 것입니다.

3. 물 주심의 확실성

이 문제와 관련하여 매우 다양한 논리가 등장하여 우리에게 암시를 주려고 합니다. 그러나 우리는 주님 자신과 주님이 베푸신 사랑의 행위 안에서 발견되는 확신의 근거만으로 만족합니다.

주 우리 하나님은 참이시라 거짓말하실 수 없습니다. 주님이 "내가 물을 주리라" 말씀하셨으니, 정말 그리하실 것을 보장하는 다른 것이 전혀 필요하지 않습니다.

주님의 입에서 나온 말씀 중에서 실행되지 않고 무산된 적이 있었습니까? 분명하게 말하여, 그런 일은 전혀 없었습니다. 주 하나님은 전능하시니 능력이 모자라서 약속을 이루지 못하시는 일은 생각할 수 없습니다. "내가 하리라"고 주님 말씀하시면 안심하고 믿어도 됩니다. 사람이 "내가 그렇게 할 것이라" 하더라도, 허풍이 되는 경우가 흔합니다. 그러나 만군의 주 하나님께 그런 일은 절대 일어나지 않습니다. 우리 영혼의 필요가 하도 커서 은혜의 강을 말릴 정도입니다.

그러나 모든 것에 충분하신 하나님은 그 무수한 백성의 그 모든 요구를 능히 채우실 수 있습니다. 하나님은 친히 그렇게 백성들의 요구를 만족하게 하셔서 영원히 하나님 자신의 이름이 높아지고 영광을 받으시는 것입니다.

하나님의 불변성과 전지전능이 그 입의 말씀이 효력을 발하게 합니다. 지금까지 주님이 자기 백성에게 물 주셨습니다. 주님은 변하지 않으시는 분이니 백성들이 그분의 손에서 여전히 같은 것을 받을 것을 기대하십시오.

하나님은 자신이 하신 약속을 파기하시거나 그 약속 성취를 중단하시는 일은 결코 없습니다. 더 나아가 주님은 자기의 궁핍한 종들과 약속하신 대로 매 순간 함께하실 수 있습니다.

그분은 이런 말을 들을 분이 결코 아닙니다.

"아마 그분이 무엇인가 쫓아다니고 계시는지, 아니면 산책하고 있는지, 아니면 잠들어 있어 우리가 가서 깨워야 할 것인지 모르겠다"는 식으로 말입니다. 하늘에서나 땅 위에서나 깊음의 모든 처소에서 일하실 때도, 은혜로 심으신 더 연약한 식물(植物)과 같은 백성들을 돌보시는 손을 한순간도 멈추지 않으십니다.

만일 그보다 더 확정적인 요점을 원한다면, 주님은 포도원이 항상 필요로 하는 것보다 훨씬 비싼 대가를 치르시는 방식으로 이미 물을 주셨음을 기억하십시오. 주 예수님이 피가 섞인 땀으로 자신의 포도원에 물을 주셨습니다.

그런 방식으로 물을 주신 그 포도원을 버려두실 것을 상상이나 할 수 있습니까?

겟세마네 동산에서의 예수님의 고뇌는 교회가 장래 필요할 수 있는 분량 이상을 지불하신 셈입니다. 자신의 피를 아끼지 않으신 분이 그 속량하신 백성들에게 물 주기를 중단하실 리 없습니다.

사랑하는 여러분!

저나 여러분을 위해 구주께서 비싼 대가를 지불했으니 우리를 떠나실 수도 있을지 모른다는 두려움에 빠질 필요가 전혀 없습니다. 예수님은 이미 우리가 살펴보고 있는 이사야의 본문 말씀이 함축하는 것보다 훨씬 더 무거운 약조를 성취했습니다. 주님이 "내가 그 약조대로 속량할 것이라" 말씀하신 대로 그 말씀을 지키셨습니다. 그런데 지금 본문에서 "내가 물을 줄 것이라" 하셨으니, 주님의 그 말씀을 믿지 못하면 불신앙 이외에 아무것도 아닙니다.

지금까지 거룩하신 하나님의 약속이 온전하게 그렇게 잘 지켜졌습니다. 왜냐하면, 우리의 영적 생명이 이렇게 은혜롭게 보존받아 왔기 때문입니다. 가뭄이 극심했으나 우리 영혼이 주릴 정도는 되지 않았기 때문입니다. 그러니 무엇 때문에 앞으로도 주님이 우리에게 선하실 것을 무엇 때문에 의심하겠습니까.

하나님이 우리를 기뻐하시는 분량을 알아보려면 이것을 생각하세요. 하나님이 예수님을 언제나 아름답고 사랑스러운 분으로 보시며, 우리를 그 예수님 안에서 보십니다. 그러므로 우리는 하나님의 동일한 사랑의 마음으로부터 오는 동일한 자애로우심을 기대할 만합니다.

하나님이 자기 백성에게 물을 주리라고 한 번 맹세하신 것이 아니라 거듭하여 그 약속을 상기시키셨습니다. 이사야 선지자가 성령님을 힘입어 어떻게 말하고 있는지 들어 보세요.

> 여호와가 너를 항상 인도하여 메마른 곳에서도 네 영혼을 만족하게 하며 네 뼈를 견고하게 하리니 너는 물 댄 동산 같겠고 물이 끊어지지 아니하는 샘 같을 것이라(사 58:11).

예레미야도 같은 방식으로 말했습니다.

> 그들이 와서 시온의 높은 곳에서 찬송하며 여호와의 복 곧 곡식과 새 포도주와 기름과 어린 양의 떼와 소의 떼를 얻고 크게 기뻐하리라 그 심령은 물 댄 동산 같겠고 다시는 근심이 없으리로다 할지어다(렘 31:12).

주 하나님이 자기의 언약을 파기하시겠습니까?

하나님이 거짓말로 약조하실 것이라고 상상하는 신성모독을 범할 참입니까?

불신앙이여!

그대의 악한 머리를 숙일지어다!

의심하는 자여!

위로를 받을지어다!

"내가 때때로 물을 주겠다" 약속하신 분을 믿지 못하고 의심하는 것이 그분을 모독하는 것이 아닌지요?

그분은 말씀하신 대로 행하실 것이기 때문입니다. 본성적으로 하면 그대 의심하는 자의 마음이 메말라 있는 것이 사실입니다.

그러나 그대의 마음이 하나님께서 은혜로 약속하신 것이 아무 효력이 없다고 의심하다니 말이 됩니까?

그대의 메마르고 폐허가 된 바로 그 마음의 조건 때문에 주님이 그대에게 하늘 창을 여시고 복을 부어 주셔야 할 이유가 된다고 여기지 않습니까?

절대로 잊지 말아야 할 한 가지의 요점은 우리가 주 하나님의 것이라는 사실입니다. 그러므로 하나님이 우리에게 물을 주지 않으시면, 그분 자신이 손해 보시는 것입니다.

어느 포도원 주인이 자기 포도원에 있는 포도나무들이 말라비틀어지게 내버려 둔다면, 그 포도원 주인은 그 포도원에서 얻을 것이 아무것도 없을 것입니다. 그 포도원은 메마르고 거기서 포도송이를 기대하는 일은 의미 없습니다. 그 포도원 주인은 말라 버린 포도나무들 안에서 자신의 혼을 다한 수고를 결코 보지 못할 것입니다. 그처럼 우리 주님은 성화되지 못하고 새롭게 하심을 받지 못한 마음들 속에서 주님의 심혈을 기울이신 수고를 보지 못하실 것입니다.

주님이 늘 새롭게 은혜 주시는 일이 없어 그 영혼이 말라 죽어 버린 사람들 안에서 주님의 그 수고를 찾지 못하실 것입니다. 그러니 주 하나님은 물 주시는 일을 완수하셔야 합니다. 그렇지 않으면 당신이 이룩한 것을 다 잃어버리고 맙니다. 그렇게 되면 하나님의 지혜로 예고한 것이나 하나님의 마음이 목적하는 바와 어긋나게 됩니다.

하나님은 우리를 택하셨고, 우리를 피로 사셨습니다. 그래서 우리를 기뻐하십니다. 하나님은 우리에 관해 자신의 영광을 저당 잡히셨습니다. 그러므로 주 하나님이 끝날까지 우리에게 은혜의 물을 주실 것을 의심할 여지가 없습니다.

주 하나님이 우리에게 매 순간 물을 주심이 확실하지요?

그러니 우리 입에서 주님을 찬미하는 것이 그치지 않아야 합니다.

그분이 우리를 그렇게 돌보시지요?

그러니 우리 주님의 대업 진보와 주님의 나라 확장과 주님 백성의 선을 위해 항상 깨어 있어야 하겠지요. 그렇게 백성들인 우리에게 물 주시는 그분은 다른 이들에게 물을 주시는 분입니다. 주님이 하늘에 속한 신령한 물을 주심으로 우리 안에서 생수의 샘이 된다면, 우리도 다른 이들에게 생수의 강이 흘러가게 해야 마땅합니다. 그런데도 다른 이에게 할 것을 먼저 생각하지 마십시오. 도리어 먼저 하나님께 부르짖으십시오.

"주여! 제 영혼이 물이 넉넉한 동산 같이 되게 하소서. 제 양털을 적시소서. 매 순간 저에게 물을 주소서."

제3장

제목 : 하나님의 약속 성취 받기

■ 본문 : 히브리서 11 : 33

■ 설교 요약
그리스도인은 하나님의 약속들이 자신에게 성취되기를 추구해야 한다. 이런 일은 은혜 언약 아래서 믿음으로 말미암아 되는 일이다. 그리고 그 일은 하나님의 말씀 아래서 약속을 묵상하되, 지난날 과거에 그 약속을 이행하신 하나님의 방식을 묵상함으로 약속을 주신 장본인이신 하나님을 추구하는 일을 수반한다.

■ 이 설교에서 기억할 만한 문구
"하나님의 약속들의 은밀한 광맥을 찾아 거기 숨겨진 보물로 자기를 부요하게 하는 사람은 복이 있습니다."

"만일 우리가 하나님의 계명을 순종하기 거부하면, 그것은 죽은 믿음입니다. 그런 가운데서 우리의 기도는 주제넘은 것이 될 것입니다. 우리는 주 하나님의 뜻에 순종해야 합니다. 그래야 우리가 복을 받습니다."

Spurgeon on Resting in the Promises of God

제3장
하나님의 약속 성취 받기

> 그들은 믿음으로 나라들을 이기기도 하며 의를 행하기도 하며 약속을 받기도 하며 사자들의 입을 막기도 하며(히 11:33).

하나님의 약속들의 은밀한 광맥을 찾아 거기 숨겨진 보물로 자기를 부요하게 하는 사람은 복이 있습니다. 그 사람은 하나님의 약속들 속에서 원기를 회복하게 하는 복된 특효약 모두를 발견할 것입니다. 그리고 그는 거기서 모든 상처를 치료하는 연고와 영양실조를 해소하는 코디얼(cor·dial)[1]과 모든 질병을 고치는 치료 약을 발견할 것입니다.

천상의 약국에 가서 자기에게 소용되는 약을 찾고 하나님의 약속의 치료하는 효력을 자신에게 적용하는 법을 아는 사람은 정말 복이 있습니다. 하나님의 약속들은 그리스도인들에게는 식량 창고입니다. 보리떡 다섯 개와 생선 두 마리로 떼어 오천 명의의 필요를 충당하고도 여러 바구니에 남은 조각을

---

1 물에 희석해 마시는 과일 농축액을 말한다(역주).

담을 능이 있는 사람은 진정 복됩니다.

그렇습니다. 하나님의 약속들은 그리스도인의 왕관을 장식하는 보물들이 보전되는 석방입니다. 그 놀라운 방을 여는 열쇠를 가진 그 사람은 이미 왕입니다. 그는 지금이라도 왕의 규(圭)를 들고 왕관을 쓰고 황제의 외투를 걸치고 있는 셈입니다.

약속하시면 반드시 지키시는 우리의 미쁘신 하나님의 약속들은 정말 얼마나 부유한지요!

안식에 이미 들어간 자들도 하나님의 보물 창고, 곧 하나님의 은혜 언약에 속한 약속들 안에 쌓인 측량할 수 없는 그리스도의 부(riches)의 높이와 깊이와 길이와 넓이를 결코 다 말할 수 없습니다.

더구나 은혜 언약에 속한 모든 것은 다 약속으로 표현되어 있습니다. 율법은 행하므로 주어진 복을 말했습니다. 율법은 그 율법을 범한 자들에게 저주만 발했습니다. 율법 아래 있는 자 중에서 율법이 약속하는 복을 받은 자가 하나도 없기 때문입니다.

그러나 은혜 언약은 "이를 행하면 살리라" 말하지 않습니다. 도리어 은혜 언약은 "내가 행하리라. 그러면 너희도 행할 것이다"로 말합니다. 그 언약이 포함하고 있는 어느 것이든지 말해 보세요. 그러면 그 어느 것도 다 약속으로 주어진 것을 보여 드릴게요.

하나님의 양자가 되는 일?

"자, 형제들아, 이삭처럼 우리는 약속의 자녀들이다."

하늘의 기업을 상속하는 일?

그 일에 대해 "하나님이 아브라함에게 약속으로 그 기업을 주셨도다."

그리고 우리는 '약속, 곧 영생의 상속자들'입니다. 로마서 1:2에서도 복음을 약속된 것으로 말하고 있습니다.

> 이 복음은 하나님이 선지자들을 통해 그의 아들에 관하여 성경에 미리 약속
> 하신 것이라(롬 1:2).

우리는 또한 '그리스도의 다시 오실 약속의 성취'를 기다리고 있습니다. 우리는 그분의 약속을 따라서 '의의 거하는 바 새 하늘과 새 땅을 바라고' 있습니다.

저는 오늘 히브리서 11:33의 본문을 두 가지 의미로 이해하면서 강해하려 합니다.

첫째, 어떤 독자들은 이 본문이 '약속들을 받는 것 자체'를 의미하고 있다고 생각할 것입니다. 그런데 더 사려 깊은 독자는 이 본문이 '약속들이 성취되는 것을 받는 것'을 의미하는 것으로 이해해야 한다고 생각할 것입니다. 이 본문은 그 두 가지를 다 말하고 있는 것이 분명합니다.

둘째, 의미를 주목하는 것이 성령님의 의도하심을 더 충분하게 인식하는 것으로 생각합니다.

1. 믿음으로 받는 약속

하나님의 약속은 믿음으로 받는 것입니다. 하나의 예를 들어 살펴봅시다.

하나님이 아브라함에게 그의 아들 이삭을 바치라고 명하셨습니다. 이삭은 하나님의 약속들을 물려받은 자였습니다. 그러나 아직은 그 하나님의 약속들이 완전하게 계시되지 않은 상태였습니다. 아브라함은 하나님의 명령에 순종하여 자기 아들을 제물로 바칠 준비를 합니다. 이삭은 자기 자손들의 소망이

걸려 있었습니다.

그러나 아브라함은 하나님은 돌들을 가지고도 자기 자녀들을 일으키실 수도 있어도 이삭을 죽은 자 가운데서 다시 살리실 수 있다고 여겼습니다. 그래서 그는 이삭을 죽이려고 칼집에서 칼을 뽑습니다. 그러나 아브라함의 그런 행동이 실행에 옮겨지지는 못했습니다. 하나님께서 아브라함이 이삭을 제물로 드린 것같이 여기시고 대신 그 상급으로 하나의 약속을 주셨습니다.

자, 아브라함의 그 행동이 공로가 되어 그 고상한 약속을 받은 것이 아니고, 오직 은혜에 속한 그의 믿음으로 말미암아 그 약속을 받은 것입니다.

형제 여러분!

여러분이 한 약속을 받고 싶으면, 믿음을 발휘해야 합니다. 하나님의 명하신 대로 행하기 위해 하나님을 위해 어떤 희생을 했다면, 그 행위로 말미암아 믿음의 손으로 포착하던 이전의 경우보다 더 높은 다른 약속을 바라볼 수 있는 유리한 고지에 서게 될 것입니다.

하나님의 능력을 부어 주시며 어떤 약속을 여러분의 영혼에 속삭이듯 하실 것입니다. 마치 하늘로부터 온 천사가 그 메시지를 전한 것같이 말입니다. 그렇게 한 믿음의 행위로 말미암아 이전에는 만지지 못하던 약속을 접촉하여 얻게 될 것입니다.

또 다른 경우를 예로 들면, 여호수아의 경우입니다. 그는 가나안 땅에 침입하여 들어가야 했습니다. 그러므로 그가 감당할 어려운 과제 앞에서 주 하나님이 새 약속을 주셨습니다. 그는 믿음으로 요단강 가에 이르게 되었습니다. 약속의 땅 가나안의 경계선에 이르게 된 것이지요. 그때 거기서 하나님은 그에게 복된 약속 성취를 받게 된 것입니다.

또 하나의 경우를 예로 들어 드리지요. 하나님은 자기 백성들이 겪을 시련을 당하기 바로 직전에 믿음으로 말미암은 새로운 약속들을 주십니다.

엘리야의 경우가 그랬습니다. 하나님이 그에게 그릿 시냇가로 가라 명하셨습니다.

> 너는 여기서 떠나 동쪽으로 가서 요단 앞 그릿 시냇가에 숨고 그 시냇물을 마시라 내가 까마귀들에게 명령하여 거기서 너를 먹이게 하리라(왕상 17:3, 4).

이때부터 이스라엘이 기근을 겪기 시작했습니다. 엘리야는 거기 거했고, 하나님은 약속을 이루어 주셨습니다. 왜냐하면, 믿음으로 말미암아 엘리야는 약속 성취를 받은 것입니다. 그는 하나님을 의존하여 믿음을 따라 명하신 대로 그릿 시냇가에 거합니다. 그의 믿음의 결과로 하나님은 새로운 약속을 주십니다.

> 너는 일어나 시돈에 속한 사르밧으로 가서 거기 머물라 내가 그곳 과부에게 명령하여 네게 음식을 주게 하였느니라(왕상 17:9).

첫 번째 약속을 받은 믿음으로 그는 두 번째 약속을 받은 영예를 얻었습니다. 저와 여러분에게도 그러합니다. 우리가 작은 어떤 약속을 받았고 지금까지 그 약속을 자기 영혼의 닻으로 삼고 있다면, 분명히 하나님은 또 다른 더 큰 약속을 주실 것입니다. 그처럼 약속에서 약속으로 이어 신속하게 달려가는 우리의 길을 따라가다 보면, 그 약속들이 바로 야곱이 본 그 꼭대기가 하늘에 닿은 사닥다리의 발판들이었음을 발견할 것입니다.

만일 여러분이 지금 가지고 있는 약속을 신뢰하지 못하고 의심하면, 하나님이 여러분의 영혼으로 깨닫게 하시는 빛을 더해 주시리라 기대할 수 없습니다. 여러분은 항상 불신앙으로 비틀거리지 않도록 늘 조심해야 합니다. 어제 여러분의 마음에 깃들었던 불신앙이 내일 새 약속을 받지 못하게 할 것입니다.

그러나 저의 이 말을 들으면서 어떤 이들은 이렇게 말하고 싶을 것입니다.
"지금 하나님의 약속들을 받는 것 같은 일이 있어요?
그 약속은 성경에서 우리가 읽을 수 있잖아요?
그런데 그 약속들이 마치 우리 자신의 것처럼 우리에게 임할 수 있다고요?"
오, 사랑하시는 친구 여러분!

정말 그렇습니다. 바로 그것이 하나님의 백성들이 하나님 약속의 달콤함을 맛보는 최선의 방식입니다. 저는 성령 하나님을 믿습니다. 성령께서 사람의 영혼 속에서 즉각적으로 역사하심을 믿습니다. 이것이 바로 성령님이 나눠 주심입니다. 성령께서 모형과 그림자로 말씀하신 대로 지금도 말씀하지 않으시면, 그것이 이상한 것이지요.

분명하게 말씀드리는데, 옛적 선지자들을 다루시던 방식대로 성령 하나님이 오늘날 자기 백성들을 다루신다고 저는 믿습니다. 성경에 기록된 말씀 중에서 어떤 본문을 백성들의 영혼에 다시 새롭게 새겨 주십니다. 그리하여 그 본문 말씀이 마치 그 전에는 성경에 없었는데 하늘로부터 새롭게 계시가 된 것같이 보이게 말입니다.

데오도르 베자(Theodore Beza)가 한때 깊은 슬픔과 염려에 오래 빠져 있었던 적이 있었습니다. 그런데 그는 요한복음 10장의 본문이 그에게 힘 있게 다가온 일을 말했습니다.

> 내 양은 내 음성을 들으며 나는 그들을 알며 그들은 나를 따르느니라 내가 그들에게 영생을 주노니 영원히 멸망하지 아니할 것이요 또 그들을 내 손에서 빼앗을 자가 없느니라 그들을 주신 내 아버지는 만물보다 크시매 아무도

아버지 손에서 빼앗을 수 없느니라(요 10:27-29).

　　성경의 본문들이 제게 어떻게 임했는지 길게 말하지는 않겠습니다. 다만 제가 다 살아온 인생 이야기 중에서 하나님에게서 약속을 받은 전환점들이 있었습니다. 마치 길에서 저를 만난 선견자나 선지자의 말같이 하늘로부터 뚜렷하게 주어진 것처럼 내게 임한 하나님의 약속들이 있었습니다.
　　한 번의 경우는 정말 잊을 수가 없습니다. 오늘 제가 이 시간 이 강단에서 설교를 하는 일을 설명해 줄 만한 일이었습니다. 제가 대학에 들어갈 결심을 하고 케임브리지 외곽 미드서머 커먼을 가로질러 걷고 있었습니다. 그렇게 걸으면서 제 생각에 학자가 되어 세상에서 무엇인가 되어 보자는 포부가 생기니 기뻤습니다.
　　그런데 다음의 본문 말씀들이 제 마음에 떠올랐습니다.

네가 너를 위하여 큰일을 찾느냐 그것을 찾지 말라(렘 45:5).

너희는 먼저 그의 나라와 그의 의를 구하라 그리하면 이 모든 것을 너희에게 더하시리라(마 6:33).

　　그 말씀이 제게 임하고 난 뒤 모든 것이 포기되었습니다. 저는 다른 모든 것을 단념하게 되었습니다. 그 본문 말씀들의 세력 앞에서 제가 꿈꾸던 전망은 마치 다 녹아 버려 공기가 되어 흩어지는 것같이 느껴졌습니다. 만일 제가 그분의 가르침을 지킬 수만 있다면 하나님이 제게 그 약속을 확실하게 이루어 주실 것이라고 믿고서 말입니다. 네가 그날 받은 것을 다른 이에게 말했다면, 아마 비웃었을 것입니다.

그러나 그 일은 제게 있어서 마치 하늘이 열리고 하나님이 엄숙하게 말씀하시는 것 같았습니다. 마치 제가 섬광이 나타나 그 본문을 제 마음에 기록하는 것같이, 하나님의 우렛소리가 하늘을 가르는 것 같았습니다.

그리스도인이여!

여러분도 제 경우와 유사한 일들을 체험하게 될 것입니다.

성령님으로 말미암은 영적 인상들을 알지 못하는 이들이 우리를 환각주의 자들이라 비웃는다 할지라도, 우리는 하나님의 선한 말씀을 맛보고 만져 본 바를 말하는 것뿐입니다. 지금도 하늘로부터 우리 마음을 새롭게 하여 하나님의 약속을 새롭게 인식하여 받게 하시는 일이 있음을 아십시오. 믿음, 정말 믿음만이 하나님의 약속 성취를 맛보는 비밀을 알 수 있습니다.

2. 믿음으로 받는 약속 성취

두 번째 요점은 더 실천적입니다. 믿음의 사람들이 하나님께 약속을 받기만 한 것이 아니라 그 약속 성취도 받았습니다. 하나님의 약속들은 두 부분으로 구분할 수 있습니다. 하나님의 약속 중에 무조건적인 약속들이 있습니다. 그 약속들은 순전하게 은혜에 속한 것입니다.

그런데 그 약속들의 성취는 그런 믿음으로만 되는 것이 아닙니다. 오직 하나님이 자신의 주권적 뜻과 은혜의 목적에 따라 그 약속들을 이루십니다. 저는 그 약속들은 택한 백성들이 하나님의 부르심을 받는 일과 연관된다고 봅니다. 순전하게 하나님의 행하심에 의하여, 그들이 사망에서 생명으로 옮겨지고, 살리심을 받아 영적으로 깨어나고 죄를 깨닫게 되고, 거듭나게 됩니다. 그들은 전에 그런 은혜에 대해 전적으로 죽어 있었습니다. 생명도 없고 힘도 없었습니다.

그런 상태에서 자신의 믿음으로 그런 약속들을 받기란 불가하며, 그 약속들이 그들에게는 아무 도움이 되지 못합니다. 그러나 하나님이 미리 정하신 때가 되면 "지금은 사랑할 때라"고 말씀하십니다. 하나님은 핏덩이 속에 있는 어린아이 같은 그 사람에게 "살아나거라"라고 말씀하십니다.

이제 저는 첨가하여 말씀드려야겠습니다. 조건적 조항이 들어 있는 약속들도 사실 어떤 의미에서만 조건적입니다. 조건의 조항이 들어 있는 약속들이 성경의 어떤 대목에서만 그러하고 다른 대목에서는 무조건적으로 기술되어 있습니다. 그 약속들은 우리가 그 약속들을 얻고 누리는 순서의 차원에서만 조건적입니다.

그러나 하나님의 계획과 목적과 경륜의 차원에서는 근본적으로 무조적인 영원한 사랑으로 맹세하신 하나님의 선언들입니다. 하나님이 "내가 하리라, 그러면 그들이 할 것이라"라고 말씀하십니다. 하나님의 모든 약속이 다 그러합니다.

하나님의 약속들에 붙어 있는 단서들을 보고 믿음으로 그 단서 조항에 응답해야 합니다. 그렇지 않으면 그 약속들이 말하는 복을 자기 것으로 취할 수 없습니다. '하나님의 약속들을 자기 것으로 받는 방식 세 가지'가 있습니다. 여러분은 믿음을 가지고 그 약속을 붙들 수 있습니다.

첫째, 하나님의 약속을 믿으십시오.

구하라 그러면 주실 것이요(마 7:7a).

그렇게 자기 것으로 취할 수 있는 하나님의 약속들이 많습니다. 그리스도 안에 있기만 하면 오늘 아침 단순하게 믿음으로 말미암아 그 약속들이 여러분 자신에게 이루어짐을 보게 될 것입니다. 정말 하나님의 약속들이 진리라고 믿으세요. 그러면 그 약속들이 말하는 바를 갖게 될 것입니다.

하나님의 어떤 약속들은 수표와 같습니다. 그래서 은행 창구 직원에게 가서 그것을 내밀면 현금을 줄 것입니다. 그 약속들을 하나님의 손으로 찍은 보증인(保證印)이 있는 하나님의 발행하신 수표로 믿으세요. 그러면 여러분은 지금 바로 하나님의 긍휼을 얻게 될 것입니다. 이것이 대두분 하나님의 약속들에 해당하는 사항입니다.

둘째, 그 하나님의 약속들을 믿기만 하지 말고 그 약속들을 붙들고 끈질기게 기도하십시오.

> 문을 두드리라 그러면 열릴 것이니(마 7:7c).

이런 약속들은 그냥 믿기만 하면 주어지는 것이 아닙니다. 그래서 우리 주님이 귀신들린 자의 문제를 위해 그렇게 말씀하신 것입니다.

> 이르시되 기도 외에 다른 것으로는 이런 유가 나갈 수 없느니라 하시니라 (막 9:29).

물을 두드려야 합니다. 그래도 문이 열리지 않으면 계속 문을 두드려야 합니다. 하나님이 여러분에게 은총을 베푸시기까지 계속 두드려야 합니다. 만일 여러분이 천사와 씨름하는 것이 무엇인지 알고, 천사가 나에게 복 주지 않으면 나는 그로 가지 못하게 하겠다고 선언하는 방식을 알기만 한다면, 분명 그 복을 받게 될 것입니다.

셋째, 간절하게 그 약속들의 복을 추구하십시오.

하나님이 약속하시면서 그 약속 성취를 위해 필요한 단서 조항을 주셨으면, 부지런히 그 단서 조항이 명하는 바를 행하십시오. 그러면 그 복을 받게 될 것입니다. 만일 우리가 하나님의 계명을 순종하기 거부하면, 그것은 죽은 믿음입니다. 그런 가운데서 우리의 기도는 주제넘은 것이 될 것입니다. 우리는 주 하나님의 뜻에 순종해야 합니다. 그래야 우리가 복을 받습니다.

너희도 내 계명을 지키면 내 사랑 안에 거하리라(요 15:10).

이런 종류의 약속들이 많은데, 이런 경우에는 단순하게 믿음의 행위만으로 되는 것이 아닙니다. 그저 기도로 하나님께 '저는 믿습니다'라고 말하면 그 약속이 이루어지는 것이 아닙니다. 이 경우에는 믿음의 역사가 있어야 합니다. 믿음의 열매와 인내가 있어야 합니다. 그렇지 않으면 높이 달린 그 약속의 복락 송이에 이르지 못합니다.

하나님의 자녀들이여!

하나님의 약속들을 많이 묵상하십시오. 포도즙 틀에 던져진 포도송이 같은 약속들이 있습니다. 그 포도즙 틀을 밟으면 포도 진액이 흘러나옵니다. 하나님의 거룩한 말씀을 거듭 반복하여 숙고하는 것이 그 약속들이 내게 이루어지는 방편이 되는 일이 흔합니다.

사도 요한은 말했습니다.

주의 날에 내가 성령에 감동되어 내 뒤에서 나는 나팔 소리 같은 큰 음성을 들으니(계 1:10).

요한이 영광스럽고 아름다우신 임금 예수님을 뵙고 성령께서 교회들에 하시는 말씀을 듣도록 준비시킨 것이 무엇입니까?

그가 성령님께 감동하고 신령한 일들을 묵상하고 있었던 것이 그를 준비시켰습니다.

젊은 그리스도인들이여!

그리스도와 연관된 약속들을 많이 묵상하십시오.

여러분이 그 약속들을 반복하여 거듭 생각하는 동안에 여러분이 구하고 있는 믿음이 알지도 못하는 사이에 여러분에게 임할 것입니다. 성경을 숙고해 오면서 하나님의 약속에 대해 갈증을 느꼈던 많은 사람이 마치 하나님의 은총이 자기 영혼을 부드럽게 확실하게 적셨음을 발견했습니다. 그래서 하나님의 약속 말씀에 자기 마음이 항상 가 있게 된 것을 기뻐했습니다.

제 기억으로, 마틴 루터가 성경의 어떤 대목들은 마치 과일나무 같다고 말한 적이 있었습니다.

> 그 나무에서 과일을 따는 것이 쉽지 않아 나무를 붙들고 반복하여 흔들어 대야 합니다. 그래서 어떤 경우에는 그렇게 계속 흔들어 대느라고 힘이 기진하여 포기하고 싶은 정도에 이르기도 합니다. 그래서 마지막으로 한 번만 더 흔들어 보자고 했는데, 그때 비로소 감미로운 과일이 떨어집니다.

3. 그 약속이 하나님의 말씀임을 알라

하나님의 약속을 묵상만 말고, 영혼이 그 약속이 하나님의 말씀 자체임을 깨닫게 되기를 구하십시오. 여러분의 영혼에게 이렇게 말하십시오.

> 네게 말씀하시는 분은 거짓말을 하실 수 없는 하나님이시다. 네가 지금 숙고하고 있는 하나님의 말씀이 하나님의 존재와 동일하게 참되다. 그분은 불변하시는 하나님이시다. 그러므로 그 약속이 파기되었을 리 없다.
> 또한, 하나님은 힘이 모자란 분이 아니시다. 내게 말씀하시는 그분은 하늘과 땅을 지으신 창조주 하나님이시다. 그러니 그분이 네게 은총을 베푸실 때를 놓치실 리가 없다. 그 약속이 그렇게 참되시고 불변하시고 권능이 충만하시고 지혜로우신 하나님의 말씀이니, 나는 그 약속을 믿을 것이고, 반드시 믿어야 한다.

사랑하는 교우 여러분!
여러분은 이미 약속을 얻는 믿음에 대해 알아보았습니다. 우리는 감히 하나님을 의심한다는 것을 크게 부끄럽게 여겨야 합니다. 큰 어둠이 내 혼에 밀려온 그 공포의 날에 행한 일을 생각해 보세요. 감히 내가 하나님을 의심하는 수치스러운 신성모독의 죄를 범했다니 정말 슬픈 일입니다. 정직한 사람을 의심하는 것도 마땅하지 못한 짓을 그에게 하는 것입니다.
그런데 하물며 거짓말하실 수 없는 하나님을 의심하는 것은 하나님을 거짓말하는 자, 심지어 헛맹세하는 자로 만드는 셈입니다!
우리 영혼은 그런 저주스러운 오명을 둘러쓰지 않도록 조심해야 합니다. 지옥에 있는 악귀가 완전하시고 참이신 하나님의 진실을 의심한 죄보다 더 혐오스러운 불의한 것은 과연 무엇이겠습니까?

젊은 그리스도인이여!

여러분은 하나님의 약속이 하나님의 말씀 자체임을 마음에 깊이 새기십시오. 그러면 하나님의 약속을 믿고 그 약속을 자기의 것으로 받는 것이 어렵지 않음을 알게 될 것입니다.

4. 하나님의 약속이 요구하는 바를 하라

그러니 하나님의 성령님의 권능을 힘입고 하나님의 약속에 단서 조항으로 붙어 있는 교훈이 요구하는 바를 명심하고 행하세요. 모세의 본을 따르세요. 모세는 이스라엘에게 주신 하나님의 약속을 알고 있었습니다. 그는 그 약속을 자기 것으로 받기 위해 자신을 부인했습니다.

그가 무엇을 행했습니까?

그는 바로의 공주 아들로 칭해지는 것을 거부했습니다. 잠시 죄악의 낙을 누리는 것보다 그리스도의 능욕을 당하는 것이 더 낫다고 여겼습니다.

아니면 하나님의 약속이 여러분의 손에서 요구하는 바를 생각하시고 용기를 내십시오. 다윗은 하나님의 약속을 따라 하나님이 자기를 지키실 것이라고 느꼈습니다. 그리고 과거에 하나님이 자기에게 미쁘시게 행하신 것을 체험으로 알았습니다.

> 다윗이 사울에게 말하되 주의 종이 아버지의 양을 지킬 때에 사자나 곰이 와서 양 떼에서 새끼를 물어가면 내가 따라가서 그것을 치고 그 입에서 새끼를 건져내었고 그것이 일어나 나를 해하고자 하면 내가 그 수염을 잡고 그것을

쳐죽였나이다 주의 종이 사자와 곰도 쳤은즉 살아 계시는 하나님의 군대를 모욕한 이 할례 받지 않은 블레셋 사람이리이까 그가 그 짐승의 하나와 같이 되리이다(삼상 17:34-36).

그런 다음에 그는 골리앗과 싸우기 위해 앞으로 나아갔고, 주 하나님이 그의 구원자가 되셨습니다.

아니면 약속이 순종을 요구합니까?

기생 라합을 생각해 보세요. 그녀는 자기 창문에 붉은 줄을 내렸습니다. 바로 그것이 자기 믿음의 증표였습니다. 그리스도께서 여러분에게 요구하시는 바는 무엇이든지 하세요. 그것이 아무리 하찮아 보여도 하나님의 명하신 바를 무시하지 마세요.

갈렙과 여호수아 두 사람만 애굽에서 나온 대군 중에서 하나님의 약속을 믿고 자기들의 것으로 받았습니다. 왜냐하면, 그들만 '믿음 없는 자 중에서 믿음을 가지고' 하나님을 존귀하게 여기고 감히 하나님을 의심할 엄두를 내지 못했습니다.

그처럼 여러분은 하나님을 존귀하게 여기세요. 하나님은 선하시고 참되심을 증언하는 여러분을 세상이 비웃어도 개의치 마십시오. 참 까다로운 상전이 내게 있어 할 수 없이 이 일을 하는 것이라는 식의 얼굴을 사람들에게 보이지 마십시오.

그러므로 여러분이 당하는 일로 인한 신음과 불만을 기화로 하나님이 자기 자녀들에게 폭군 노릇 하시어 그 자녀들은 기쁨도 없고 위안도 없고 즐거움도 없다는 식의 생각을 하지 마세요. 하나님의 자녀들은 마치 잔인한 부모를 가진 아이들같이 낙담하거나 괴로워하는 것처럼 해서는 안 됩니다. 도리어 머리를 드세요. 여러분의 구속(救贖)이 가까웠기 때문입니다.

5. 하나님의 약속을 물려받은 상속자들을 본받기

하나님의 어떤 약속들은 믿음과 인내로 그 약속을 물려받은 이들을 본받지 않으면 여러분의 것이 되지 못하는 것들이 있습니다. 소망하는 일이 더디어도 그날이 오기까지 기다려요. 그날이 속히 올 것입니다. 그러나 어떤 사람들은 오늘 자기들의 하나님이 듣지 않으신다는 생각에 미련한 자녀들같이 하나님 아버지가 참되지 않다고 여깁니다.

오, 여러분!

믿음에 인내를 더하세요. 농부가 땅에 뿌려놓은 귀한 곡식을 추수할 때까지 기다리듯이 하나님이 임하셔서 여러분의 소망 약속을 이루시기까지 기다리세요. 천하 범사에 정한 기한이 있습니다. 씨를 뿌릴 때가 있으니 곡식이 익어 추수 때를 하나님이 주십니다. 기도는 여러분이 하는데, 그 기도하는 바를 들어 약속을 성취하셨다고 기뻐서 춤을 출 때를 하나님이 주십니다.

6. 이미 약속 성취를 받은 것에 대해 감사하기

우리는 받은 긍휼을 인해 하나님께 감사해야 합니다. 그렇지 않으면 또 다른 자비하심을 받지 못할 것입니다. 청교도들이 뉴잉글랜드에 정착하던 초기에 언제나 금식하는 규례를 정해 지켰습니다. 어느 날 하루를 잡아 금식했습니다. 왜냐하면, 자기들의 식량이 떨어져 가고 있었기 때문입니다. 자기들이 기대하던 대로 배가 도착하지 못해 또 다른 날을 정해 금식했습니다. 여러 날 금식하다 보니 그들이 극한 연약에 빠져들기 시작했습니다.

그때 지혜로운 어떤 형제가 일어나 말했습니다.

"선진들이 일에 변화를 주어 잔칫날을 가끔 가지는 것이 지혜롭다 여기지 않았습니까?

자기들이 바라는 하나님의 자비하심이 주어지지 않은 일을 가지고 애통하는 대신 이미 하나님이 우리로 누리게 주신 자비애 감사하면, 그것을 하나님이 귀하겨 여기고 받지 않으실까요?"

그래서 그들은 오늘날 감사일(thanksgiving day) 규례를 정했습니다. 그것이 그 후 항구적 규례로 정해져 지키고 있습니다.

추수감사절은 이미 우리가 받은 하나님의 은혜를 감사하는 절기입니다. 그런 길에는 논리와 지혜가 있습니다.

여러분이 이미 받은 은혜에 감사하지 않고서 감히 다른 은혜를 하나님께 구한다는 게 말이 됩니까?

여러분이 어떤 사람에게 사랑을 베풀었는데 그 사람이 은혜를 모르고 욕심만 부린다면, 그 사람이 참 뻔뻔하다고 생각하지 않았습니까?

그 사람이 여러분에게 와서 또 다른 은전을 베풀어 달라 하면 어떤 원칙으로 그 사람을 대합니까?

그런 경우 빈손으로 돌려보내지요. 그렇게 함으로써 그의 잘못에 대한 벌을 내린 셈이죠.

주님이 여러분에게 동일한 원칙으로 대하지 않는다고 여기세요?

여러분이 주 하나님께 자비를 구했고 그것을 얻었습니다. 그러나 여러분이 하나님이 베푸신 그 자비를 별로 귀하게 여기지 않아야 하는 모습을 보였다 합시다. 아니면 한동안 그 은혜를 누리면서도 그 은혜에 대해 하나님께 감사할 것을 전혀 생각하지 않았습니다.

그런 다음에 다시 주님의 문을 두드리며 도와주십사고 한다 하면 어떻게 되겠습니까?

감사함으로 하나님의 은혜 보좌를 기다리지 않으면서 여러분의 정욕을 주님이 채워 주시리라 기대합니까?

우리가 하나님께 받아 가진 복락을 인해 하나님께 감사합시다. 그러면 우리가 지금 갖지 못한 다른 약속을 받을 은혜를 더 얻게 될 것입니다.

7. 약속을 받았던 자들의 본을 살펴보라

끝으로 옛적이나 오늘 우리가 사는 시대 속에서 믿음으로 하나님의 약속 성취를 받은 이들의 본을 살펴보세요.

죄인들이여!

여러분이 지금 가지고 있는 것보다 더 적은 것밖에 갖지 못한 채 세상을 살다가 지금 하늘에 있는 많은 사람을 주목하세요. 그들은 오직 하나님의 순전한 약속만 믿고 살았습니다.

하나님이 그들에게도 여러분에게 하신 것같이, "주 예수 그리스도를 믿으라. 그러면 네가 구원을 받으리라"는 말씀을 하셨습니다. 그리고 그들은 그리스도를 믿어 구원을 받았습니다. 여러분도 그들처럼 믿으면 그들이 받은 구원을 받고 그리 말씀하시는 하나님이 참이심을 알게 될 것입니다.

오, 이미 믿어 구원에 이른 하나님의 성도들이여!

여러분의 고상한 조상들을 주목하세요.

여러분의 가문이 얼마나 놀랍습니까!

그렇게 많은 순교자와 신앙고백자들과 선지자들과 사도들의 혈통에 우리가 속하다니요!

그들 모두는 주 하나님이 약속하신 그 놀라운 약속 중에서 한 가지도 이루어지지 않은 것이 없다고 증언합니다. 하나님이 모든 약속 중에서 하나님의 미쁘심을 의심하게 하는 약속은 하나도 없을 것입니다.

그들은 음울한 지하감옥과 화형대에서 하나님의 신실하심이 무엇인지 시험적으로 맛보았습니다. 로마의 원형경기장에서 사자들에게 물어 뜯겨 뼈가 허옇게 드러난 중에서도 하나님을 믿고 견뎠습니다. 네로의 정원에서 자기들에게 덮어씌운 원유 찌꺼기에 불을 붙여 떠오를 때, 그들은 하나님께 제물로 자신들을 드렸습니다.

그들은 삶의 모진 고통과 죽음의 고통 앞에서 하나님이 어떤 분이신지 시험적으로 맛보았습니다. 그러면서 그들은 다 여러분에게 말합니다.

"주 하나님을 신뢰하고 믿어라. 그러면 하나님이 그 약속을 여러분으로 받게 하실 것이다."

하나님이 그렇게 하시도록 우리를 도우시기를 예수님의 이름으로 구하는 바입니다. 아멘.

제4장

제목: 부디 내게 와서 쉬라

■ 본문: 마태복음 11:28-30

■ 설교 요약

예수 그리스도께서는 헛된 일로 수고하며 쉬고 싶어 하는 모든 죄인을 초청하신다. 그들에게 공로를 요구하지 않고 오직 은혜로 구원받아 그분을 의존하여 쉬라고 하신다. 그렇게 믿어 구원받은 신자는 새로운 짐을 예수 그리스도께 받았다. 그것은 그리스도를 배우고 섬김으로 쉬는 일이다.

■ 이 설교에서 기억할 만한 문구

"기쁨의 좋은 소식은 하늘 아래 '모든 족속'에게 전파되어야 합니다. 바로 이 대목의 말씀은 수고하고 무거운 짐을 진 모든 사람을 향한 말씀입니다."

"예수 그리스도께서는 우리가 언제나 누릴 수 있는 모든 안식을 우리에게 선물로 주십니다."

"주님 가르치시는 교훈의 말씀을 한마디 한마디 탐사하고 숙고하면, 구구절절이 여러분에게 상이 될 것입니다."

Spurgeon on Resting in the Promises of God

제4장
부디 내게 와서 쉬라

> 수고하고 무거운 짐 진 자들아 다 내게로 오라 내가 너희를 쉬게 하리라
> 나는 마음이 온유하고 겸손하니 나의 멍에를 메고 내게 배우라
> 그리하면 너희 마음이 쉼을 얻으리니
> 이는 내 멍에는 쉽고 내 짐은 가벼움이라 하시니라(마 11:28-30).

우리가 이전에 자주 이 기념비적 말씀을 반복적으로 되뇌었습니다. 그래서 이 말씀을 통해 많은 위로를 받았습니다. 그럼에도 불구하고 우리가 이 말씀의 충만한 의미를 음미할 정도로 이 말씀을 깊이 숙고한 적이 전혀 없을 수 있습니다.

사람의 작품들을 자세히 검사하면 여러 가지 흠을 드러내지 않을 수 없습니다. 잘 연마된 바늘도 겉으로 보면 아주 매끄럽게 보이나 현미경으로 들여다보면 철의 거친 표면이 크게 드러나 보입니다. 그러나 자연에서 어떤 것을 골라서 여러분이 하고 싶은 대로 아무리 크게 확대해 자세하게 검사해 보더라도 흠을 발견하지 못할 것입니다.

그처럼 사람의 말들을 검토해 보세요. 사람의 말을 처음 들어 보면 대단히 감동받을 수 있습니다. 다시 들어 보아도 정말 감탄할 수 있습니다. 그러나 사람의 말은 금방 싫증이 나고 진부하게 들리거나 너무 과장된 것임을 알게 됩니다. 그러나 예수님의 말씀은 결코 그런 일이 없습니다. 항상 신선도를 유지하고 결코 해어져 낡은 옷과 같이 되는 일이 없습니다.

여러분이 예수님의 말씀을 밤낮으로 숙고한다 해도, 그 익숙함으로 얕볼 말씀이 아님을 분명 알게 될 것입니다. 예수님의 말씀을 계속 응시하여 숙고하며 비판의 방망이로 찧어 가루를 내어 반죽을 내어 보십시오. 그러면 그 말씀의 향기가 더 뚜렷하게 느껴질 것입니다. 주님 가르치시는 교훈의 말씀을 한마디 한마디 탐사하고 숙고하면, 구구절절이 여러분에게 상이 될 것입니다.

오늘 아침 우리는 할 수 있는 한 최선을 다해 여러분을 오늘의 본문 말씀의 내실(內室)로 안내하려 합니다. 그리고 본문 말씀을 현미경으로 살피듯이 하여 각 문장의 속내를 응시하려 합니다. 그렇게 본문을 현미경으로 조사하듯이 하면 할수록 주님의 말씀을 더 완전하게 강해할 우리의 능력이 더 크게 확대되게 하시기를 주님께 기원합니다.

이 본문을 건성으로 읽어도 임금이신 우리 주님의 이 약속은 만 배의 용기와 위로를 우리에게 줄 정도입니다. 그러나 부지런히 더 깊게 파고 들어가야만 발견할 수 있는 엄청난 무게의 부유가 속에 숨어 있습니다. 이 약속의 말씀을 조금만 생각해도 마치 어린양들을 시원하게 하고 새 힘을 주는 시냇물과 같이 작용합니다. 그러나 이 말씀의 깊음 속에는 우리가 다이빙하여 찾아내길 소망할 진주들이 숨어 있습니다.

1. 첫 번째 안식 : 내게로 오라

> 수고하고 무거운 짐 진 자들아 다 내게로 오라(마 11:28a).

이렇게 말씀을 통해 "내게 와서 쉬라"라고 초청하시는 분이 누구신지 생각해 봅시다. 여기서 "짐 진 자들아 다"라는 표현에서 "다(모두)"란 대명사가 가장 먼저 우리의 시선을 끕니다.

선택 교리가 하나님 긍휼의 초청장을 아무에게나 발해서는 안 됨을 지시한다고 상상하지 마십시오. 주님이 "수고하고 무거운 짐 진 모든 사람은 내게로 오라" 명하셨습니다. 예정의 위대한 교리가 함축하는 것이 무엇이든지 복음의 초청 범위를 축소하거나 좁게 하는 것이 전혀 없음을 확실하게 말씀드립니다.

기쁨의 좋은 소식은 하늘 아래 '모든 족속'에게 전파되어야 합니다. 바로 이 대목의 말씀은 수고하고 무거운 짐을 진 모든 사람을 향한 말씀입니다

여기서 사람을 "수고하고 무거운 짐 진 자"로 표현한 것은 의미가 큽니다. "수고하는 너희 다(모두)"

멍에를 멘 사람의 능동성을 묘사하고 있습니다. 그 사람은 구원을 얻는 일이라면 수고할 각오가 되어 있는 사람입니다.

"무거운 짐"은 그들의 종교적 조건의 수동적 형식을 보여 줍니다. 그들은 짐을 지고 있습니다. 그 짐의 무게에 지쳐 곤비할 뿐입니다. 구원을 추구하면서 능동적 자세를 보이는 자들이 많습니다.

그들은 율법의 교훈을 순종하기만 하면 구원받을 것이라고 믿고, 그 일을 위해 최선을 다하고 있습니다. 그들은 어떤 의식(儀式)의 규례들을 지키면 구원받을 것이라고 여기고 있습니다. 그래서 큰 관심을 기울여 그런 규례들을

수행하고 있습니다. 또 다른 이들은 기도의 행위를 통해, 어떤 이들은 성례(聖禮)의 규례를 고집하며 수고하고 있습니다. 또 자기를 부인하고 죄를 죽이는 일을 통해 자기들의 구원을 이루려고 수고하고 있습니다. 그들이 구원의 필요성에 대해서는 각성을 받았다고 볼 수 있으나, 자신들의 구원을 스스로 이루겠다고 진지하게 수고하고 있습니다.

그런 이들을 향해 구주께서 사랑 어린 권고의 말씀을 발하고 계십니다. 사실 주님이 그들에게 이렇게 말씀하고 계신 셈입니다.

> 그 길로는 너희가 쉴 수 없다. 너희 가 자신에게 부과한 방식을 따라 수고하면 결국 낙담에 이르게 된다. 너희의 그 곤비하게 애쓰는 것을 멈추고 나를 믿으라. 그러면 내가 반박에 너희에게 쉼을 주리라. 내 가 수고함으로 믿는 자들을 위해 확보한 바로 그 쉼을 너희에게 주리라.

구원을 위해 자기 의를 쌓기 위해 능동적으로 행하는 사람들은 매우 급속하게 피동적 상태로 떨어져 큰 짐을 진 자같이 됩니다. 그들의 노력 자체가 그들에게 짐이 됩니다. 자기의 의를 구축하기 위한 수고 외에, 지난 과거 자기 죄의 무섭고 파괴적인 죄책감과 그 죄에 대해 떨어질 하나님의 진노에 대한 의식에 짓눌리게 됩니다.

그래서 그 죄의 무게에 그 죄에 대한 하나님의 진노 무게가 더해져서 그 영혼은 정말 짓눌리게 됩니다. 그래서 그들의 능동적 수고가 자기가 어떻게 할 수 없는 그 피동적 고난을 축소하지 못합니다.

그래서 그들의 영혼의 찌르는 고통은 흔히 그들이 애쓰는 것에 비례하여 더해집니다. 물론, 처음에는 그들이 그렇게 부지런히 애를 쓰는 것에 비례하여 자기들의 죄 덩어리가 점점 줄어들기를 소망합니다. 그러나 실제로는 그 무거운 짐의 무게에 짓눌려 곤비하게 됩니다. 그들의 수고가 자기들에게 안식을 주지 못하기 때문에 낙담의 무게를 느낍니다.

구원이 결코 자기에게는 일어나지 않을 것이라는 절망감의 무게가 더해집니다. 우리 구주께서 바로 그런 사람들, 능동적으로 구원을 추구하는 이들과, 수동적으로 죄와 그에 대한 하나님 진노의 무게에 눌려 있는 자들에게 "내게 와서 쉬라" 말씀하시는 것입니다.

이런 사람들이 쉼을 얻을 만하지 못하다는 뜻이 이 말씀 속에 함축되어 있습니다. 왜냐하면, "내게로 오라 내가 너희를 쉬게 하리라"고 말씀하시기 때문입니다. 선물은 공로에 속한 것이 아니라 은혜에 속한 것입니다. 품값이나 상급은 그것을 받을 일을 한 사람에게 주어지는 것입니다. 그러나 선물은 사랑으로 주어지는 것입니다.

예수님께서 여러분이 수고하여 벌거나 사 놓은 적이 없는 것을 은혜로 주실 것입니다. 오직 주님 자신의 주권적 부요한 자비와 은혜로 여러분에게 주시는 선물입니다. 주 예수님이 친히 준비하셨다가 여러분이 오면 주십니다. 주님이 그렇게 하시겠다고 약속하셨기 때문입니다.

다음으로 우리가 주목할 요점은 "오라"는 명령입니다. 다음 구절에 나오는 "내 멍에를 메고 내게 배우라"는 말씀보다 먼저 "오라"는 말씀을 주목해야 합니다. 멍에를 메고 배우는 문제는 체험의 다음 단계에 해당합니다. 처음에는 "내게 오라"는 말씀을 들어야 합니다. "오라"는 참 단순한 말이나 의미 충만한 말입니다. 오라는 것은 다른 것을 취하기 위해 지금까지 붙잡고 있던 것을 버리라는 의미입니다.

"수고하고 무거운 짐 진 자들아 다 내게로 오라."

수고하고 무거운 짐 진 여러분!

율법주의적 수고와 자기 의존적 노력, 스스로 무엇을 이루겠다는 주제넘음을 내려놓으세요. 이제까지 여러분이 의뢰하던 모든 것을 내려놓고 예수님께로 나아가십시오. 갈보리 언덕의 십자가 위에서 사람의 죄 짐을 지셨던 그분을 깊이 묵상하세요. 그 십자가 위에서 그분은 우리를 대신해 죄가 되셨습니다.

여러분은 십자가에서 자신의 어마어마한 백성들의 범죄 덩어리를 무저갱 무덤에 던져 버려 거기서 영원히 매장되게 하신 분을 깊이 숙고하십시오. 하나님께 대속주로 지명받아 죄 있는 사람을 위해 희생 제물로 자신을 드리신 예수님을 생각하세요. 그런 다음에 그분이 바로 하나님의 독생자이심을 깊이 인식하고 그 숙고대로 믿어 보세요. 그분을 의지하세요.

그분을 신뢰하되, 여러분을 대신하여 고난받으신 그분을 신뢰하세요. 여러분이 하나님의 진노 빚을 지고 있는데 그분이 그 빚을 다 갚으셨습니다. 그러니 그분을 바라보세요. 그것이 바로 예수님께 나아가는 것입니다. 회개하고 그분을 믿는 것이 "내게로 오라"는 그분의 말씀을 따르는 것입니다. 회개는 여러분이 지금 서 있는 곳을 떠나는 것이요, 믿음은 예수님을 의뢰하려고 그분께 나아가는 것입니다.

"오라"는 명령이 현재 시제로 되어 있음을 주목하세요. 그리고 헬라어에서 그 말은 매우 강한 현재를 지시합니다. '내일, 또는 내년'이 아니라 '지금 당장에' 오라는 것입니다.

죄의 노예로 있는 여러분이여!

지금 여러분을 괴롭게 하는 상전으로부터 지금 도망치세요!

즉각적 평안을 줄 즉각적 믿음의 행위로 예수님께 나아가 그분을 의뢰하세요. 그러면 그분이 바로 지금 여러분을 '쉬게 하실' 것입니다. 정말 믿음을 행사하면 즉시로 안식이 따라올 것입니다. 바로 지금 믿음을 행사하세요.

그것이 바로 "내게 오라" 하시는 주님의 말씀이 의도하는 바입니다. 그 점을 유념하세요. 그리스도 자신이 정말 믿을 만한 분이십니다.

"세례 요한에게 오라" 하지 않습니다. 그는 "회개하라 천국이 가까웠느니라"라고 말했습니다. 그러나 세례 요한에게 가면 어떤 안식도 주어지지 않습니다. 요한 사도는 백성들에게 그분을 맞을 준비를 하라고 한 것입니다. 그는 영혼에 줄 안식을 전혀 가지고 있지 못했습니다.

바리새인에게 가지 마십시오. 바리새인들은 전통을 믿으라 하며 율법의 일점일획이라도 다 행하라고 가르칠 것입니다. 그런 자들을 다 지나 예수님께 가십시오. 그분은 사람이시면서 하나님이시오, 중보자시면서 구속주(救贖主)시오. 인간의 죄책을 가라앉히는 화목 제물이십니다. 여러분이 진정한 쉼을 원하면 겟세마네와 갈보리 언덕의 그리스도, 다시 사시고 승천하신 바로 그 그리스도께 오세요.

오, 곤비한 영혼들이여!

정말 쉼을 원하면 다른 데 가지 마세요. 아무 데서도 그 쉼을 얻지 못할 것입니다. 오직 그분께 가서 여러분의 짐을 못에 찔린 그분의 사랑스러운 발밑에 내려놓고, 오직 그분만을 쳐다봄으로 생명을 얻으세요.

"내게로 오라"는 그 한마디 말씀에 이 대목의 교훈이 있습니다. '하라'도 아니고 '배우라'도 교훈의 핵심은 아닙니다. '내 멍에를 메고 메라'는 것도 아닙니다. 그런 일들은 "내게 오라"는 말씀 뒤에 오는 것입니다. 그리고 그런 일들은 반드시 제자리를 벗어나면 안 됩니다.

먼저 '주님 주시는 첫 번째 안식'을 선물로 받아야 합니다. 여러분에게 우리 주님이 지금 요구하시는 것은 바로 "내게로 와서 쉬라"는 것입니다. 사랑으로 자선을 베풀려 할 때 사랑 자체가 사람에게 요구하는 가장 적은 일은 '와서 이것을 받아 가라'는 것입니다. 예수님이 여러분에게 말씀하고 계십니다.

"와서 내가 은혜로 주는 것을 받으라."

돈 없이, 공로 없이, 아무런 사전 준비 없이 그저 와서 내 멍에를 메고 나와 함께 너희 짐, 죄의 짐을 지자고 말씀하십니다.

"너희 있는 그대로 오라. 그러면 '내가 너희로 쉬게 하리라'고 약속하신 것이 이루어지리라."

다음으로 주님의 약속을 주목합시다.

> 내가 너희를 쉬게 하리라(마11:28b).

그 안식은 선물이지 여러분의 체험 정도에 따라서 얻어지는 그런 안식이 아니라 즉시 바로 주어지는 안식입니다. 다음 구절은 주님께 온 다음에 여러분이 주님이 말씀하신 대로 하면 얻어지고 발견되는 안식을 말합니다. 그러나 28절에서 주님은 즉시 주어지는 안식에 대해 말씀하십니다.

우리가 예수님께 갑니다. 믿음의 빈손을 주님 앞에 펼치면 즉시 정말 은혜로 그 안식이 주어집니다. 그래서 우리가 그 안식을 소유하여 영원히 가지게 됩니다. 그 안식은 바로 현세에서 누립니다. 죽은 다음이 아니라 지금 현세에서 누리는 안식입니다. 우리가 믿음의 검증을 받고 믿음이 성장하고 진보를 이룩한 다음에 주어지는 그런 안식이 아니라, 예수님께로 오면 지금 주어지는 안식입니다. 그리고 그 안식은 완전한 안식입니다.

우리 주님의 말씀 속에서 그 안식이 불완전함을 함축하는 것이 전혀 보이지 않습니다. "너희가 내게로 오면 부분적인 안식을 줄 것이라"는 언질이 전혀 보이지 않습니다. 그런 형태의 다른 안식은 전혀 없는 것 같다는 식의 안식을 말씀하십니다. 그 안식은 그 자체로 완전한 안식입니다. 예수님의 피와 의(義) 안에 있는 우리의 평안은 완전합니다.

여러분이 지금 예수님께 나와 그 완전한 안식을 누리고 있습니까?

그렇다면 여러분이 주님의 '그러면 내가'라는 두 단어를 기쁨에 찬 눈으로 포착하게 될 것이라 저는 확신합니다. 저는 여러분에게 약속의 말씀을 하시는 분이 누구신지를 사랑을 다해 기억하라고 권고하고 싶습니다. 약속하시는 분도, 그 약속을 이루시는 분도 예수님이십니다.

여러분의 죄가 처음 용서받았을 때 주님에게서 오는 그 안식이 왔습니까?
그때 여러분의 죄의 짐이 어디론지 가 버렸습니다.
누가 그 짐을 가져갔습니까?
여러분의 어깨를 짓누르던 멍에가 제거되었습니다.

그러나 누가 여러분의 어깨에서 그 멍에를 벗겨 냈습니까?
여러분이 바로 오늘 죄책의 짐을 벗고 안식하게 된 것을 인해 예수님께 모든 영광을 돌리지 않으시겠습니까?
여러분의 영혼을 다해 그분의 이름을 찬미하지 않으시렵니까?

그렇습니다. 여러분이 그리 하고 계신 줄 압니다.
여러분은 그 안식이 어떻게 여러분에게 왔는지 알고 있습니다. 그 안식은 바로 우리 주님의 대속(代贖)과 그 대속을 믿음으로 말미암아 왔습니다. 하나님의 공의를 한 번만 어겨도 죄가 되어 스스로는 용서받을 수 없습니다. 예수님이 바로 그 하나님의 공의를 만족하게 하셨습니다. 그분이 여러분에게 안식을 주셨습니다. 그분이 완전한 속죄를 이루셨다는 사실 자체가 오늘 아침 여러분의 심령 안식입니다.

여러분의 양심 깊음 속에서 여러분을 복되게 하는 고요함이 여러분의 주님의 대속적 희생을 믿는 믿음의 샘에서 우러납니다. 여러분이 안식을 누리게 하시려고 주님이 친히 불안을 겪으셨습니다. 그러니 오늘 바로 주님으로부터 은혜로 주어지는 선물로 그 안식을 누리는 것입니다.

여러분은 이제 노예로 사는 수고와 소망 없는 짐으로 짓눌리는 고통과 절연했습니다. 여러분은 이제 믿음으로 말미암아 안식에 들어갔습니다. 그러나 그 모든 안식과 구원은 여전히 사랑하시는 주님의 손길로부터 옵니다. 그분이 여러분의 영혼을 위해 자신의 피로써 그 복을 사셨습니다. 그 안식을 아직도 누려 본 적이 없는 많은 사람이 오늘 주님을 믿음으로 그 안식을 누리게 되기를 간절히 바랍니다. 정말 모든 이가 그렇게 되어야 합니다.

주님께 와서 그 안식을 누리세요. 여러분이 있는 바로 그 위치에서, 하나님이 예수님을 믿는 단순한 믿음을 행사하게 하시면, 지난 모든 과거의 죄로 인한 고통에서 벗어나게 될 것이고, 여러분 자신의 노력으로 자기를 구원하려는 그 헛된 수고에서 벗어나게 하실 것입니다. 그런 안식은 하나님께 영광이요 그 안식을 누리는 그들 자신의 기쁨이 될 것입니다.

2. 두 번째 안식 : "내 멍에를 메라"

주님이 안식을 받게 하신 사람에게 그다음 구절에서 "내 멍에를 메라"고 말씀하시니 언뜻 이상하게 보일 수 있습니다.

'아니, 수고하고 무거운 짐을 부리고 이제 안식하게 된 나에게 다시 멍에를 메고 더 수고하라고 하시는가?'

그렇습니다. 정말 그렇습니다. 여러분의 멍에를 메고 시작하셔야 합니다.

"내 짐은 가벼움이라."

'짐이라니?

조금 전까지 무거운 짐 지고 애쓴 내게 다른 짐을 지라 하시니 어떤 이유에

서 그러시는가?'

그렇습니다. 멍에는 능동적 측면이고, 짐은 수동적 측면입니다. 그런데 나는 그 둘을 다 져야 합니다.

'나는 내 멍에와 내 짐에서 벗어나 안식하게 되었는데요!'

그런데 여러분은 새 멍에와 새 짐을 지고 또 다른 안식을 얻어야 합니다. 이전에 여러분이 멨던 멍에는 아주 몹쓸 것이었습니다. 그러나 그리스도의 멍에는 가볍습니다.

사람의 영혼은 사탄의 지배 아래에 있습니다. 그래서 사탄이 메 준 멍에를 메고 사탄을 위해 일합니다. 예수님이 그런 영혼을 자유롭게 하십니다.

그러나 그런 영혼이 완전한 안식을 누립니까?

그렇습니다. 하나님으로부터 받은 안식은 완전합니다. 그러나 우리 안에 직접 체험하는 안식은 완전하지 못합니다. 지금 우리에게 정말 필요한 것은 나를 새롭게 지배하는 정권입니다. 영혼이 주권적이고 지배적인 원리, 모든 것을 통제하는 동기를 가져야 합니다.

예수님이 우리 마음에서 바로 위치를 차지하고 계실 때 안식이 옵니다. 그러므로 다음 구절에서 바로 그 안식을 말하고 있습니다.

우리 영혼은 능동성을 가지게 지은 바 되었습니다. 그래서 우리 자신의 의를 구축하려는 능동성에서 벗어나 자유롭게 되고 우리의 죄성이 가진 노예근성 때문에 사람은 무엇인가를 해야 합니다. 그래서 우리가 할 무엇인가를 발견하기까지는 결코 안식하지 못합니다. 그래서 본문에서 멍에에 대한 말이 나오는 것을 보고 사람이 기쁠 것입니다.

멍에는 일하는 것을 상징하는 것이며, 무언가 참고 감당해야 할 짐을 연상하게 합니다. 죽을 인간의 본성 안에는 무엇을 하고 있지 않으면 그 심령이 침체하여 안식과는 거리가 멀어집니다.

우리는 이제 이 두 번째 안식을 숙고할 것입니다. 그 안식은 첫 번째 안식, 곧 "내가 너희를 쉬게 하리라" 하신 그 안식 다음에 오는 안식입니다. 이미 안식한 사람, 이미 주어진 안식을 받은 자의 안착과 같은 것입니다.

이제 그 사람은 자기에게 주어진 안식을 발견한 사람입니다. 그 안식은 이전에 수고하고 무거운 짐에 눌려 고생하던 데서 벗어난 안식이 아닙니다. 도리어 구주의 발밑에서 배우고 있는 자가 누리게 되는 안식입니다. 그러니 그 안식은 주님의 도를 배우고자 하는 자의 안식입니다.

보통 무엇을 발견한다는 것은 탐구를 함축합니다. 구원받은 사람은 이미 죄 용서를 받고 구원을 받고 나서 이제 평안을 더욱더 발견합니다. 그는 배우며 구하며 발견하고 있습니다. 그 안식은 알려지지 않은 어떤 것을 발견하려고 하면서 조명을 받아 깨달아지는 경우임이 분명합니다. 그 사람은 이미 무거운 짐에서 해방되는 안식은 가지고 있습니다. 이제는 그가 그리스도 안에서 찾아야 할 하나의 안식이 있습니다. 그 안식은 그가 구했거나 생각했던 것을 능가하는 안식입니다.

저는 보물 상자에 감춰 있던 안식을 받은 후에 또 이 안식을 살펴보았습니다. 주님이 자기 백성들에게 안식의 선물이라고 일컫는 값을 따질 수 없이 귀한 보배 상자를 주십니다. 그것은 찬란하게 빛나는 보석들로 아로새겨져 있습니다. 그것을 소유하는 자마다 자기의 싸움이 승리로 끝났고 자기 죄가 용서되었음을 느끼고 압니다.

잠시 후에 이 보배 상자를 소유한 행복자가 그 속에 들어 있는 보배를 점검하기 시작합니다. 거기 있는 보배가 다 자기의 것입니다. 그러나 그 보배 전체를 하나하나 다 살펴보지는 않았습니다. 어느 날 그 보배 상자의 비밀 서랍을 열고 거기 감춰 있는 용수철을 건드립니다. 그러면 놀라운 일이 벌어집니다. 그는 다른 모든 것을 능가하여 값으로 따질 수 없는 것이 자기 눈앞에 열려 있음을 봅니다. 그것이 자기에게 주어졌음은 확실합니다. 그러니 그는 그 주어진 것이 무엇인지 알아 가야 합니다.

예수 그리스도께서는 우리가 언제나 누릴 수 있는 모든 안식을 우리에게 선물로 주십니다. 하늘의 안식마저 그분 안에 있습니다. 그러나 우리가 그분을 믿음으로 영접한 후에 그분의 가치를 배워야 하며, 그분이 부여하신 다른 것들의 충만함도 성령님께 배워 알아야 합니다.

이제 저는 구원받은 여러분에게 말씀드리는 바입니다.

여러분은 그리스도께서 주신 선물 안에 있는 모든 것을 알아냈습니까?

여러분은 비밀 서랍을 열어 보았습니까?

그분이 여러분에게 안식을 주셨습니다.

그러나 여러분의 마음속에서 역사하시는 그분 안에 있는 내밀한 안식을 발견했습니까?

그것이 여러분의 것입니다. 바로 그리스도 자신의 선물 안에 그 안식이 포함되어 있습니다. 그러나 그것을 발견하기까지는 그 안식을 누리거나 이해하여 승리감에 차 기뻐하지 못합니다. 왜냐하면, 여기서 의도하는 안식은 이미 얻은 안식 뒤에 얻어지는 것인데, 체험으로 그것을 발견하는 사람에게만 체험되는 영적 안식이기 때문입니다.

본문의 두 번째 부분에 있는 안식은 섬김의 안식입니다. 이 안식은 멍에와 연관된 안식입니다. 또 짐과 연관됩니다. 그러니 게으른 그리스도인은 그 안식을 얻지 못합니다. 게으름뱅이보다 더 큰 불안을 느끼는 사람은 없습니다. 안식하고 싶으면 그리스도의 멍에를 메고 능동적으로 그분을 섬기십시오.

하늘의 안식은 수면의 안식이 아닙니다. 하늘에 있는 이들은 하나님의 성전에서 밤낮 섬기고 있습니다. 물론, 그들은 항상 안식하고 있습니다. 그런데도 다른 의미에서 그들은 밤낮 쉬지 않습니다. 하늘에 있는 거룩한 활동은 완전한 안식입니다.

하나님의 자녀에게 참된 안식은 나르는 날개 위에서 누리는 안식과 같은 것입니다. 활동하고 섬기면서 누리는 안식은 멍에를 벗은 상태가 아니라 멍에를 멘 상태에서 누리는 안식입니다. 그러니 우리는 자원하여 섬겨야 합니다. 우리는 자원하여 그리스도의 멍에를 메야 합니다.

그리스도를 섬기십시오.

"내가 무엇을 할 수 있습니까?"

단순한 종교적 흥분의 상태에서 누릴 안식을 구하지 마십시오. 도리어 여러분이 사랑하고 메기에 쉬운 멍에를 멤으로 누리는 안식을 구하십시오.

그러나 여러분은 기꺼운 마음으로 그리스도의 짐을 지려고 해야 합니다. 그리스도의 짐은 모든 그리스도인이 져야 하는 그분의 십자가입니다. 그러니 모든 그리스도인은 능욕을 받을 각오를 해야 하며, 십자가의 부끄러움을 어느 정도 겪을 각오를 해야 합니다. 그리스도인에게는 십자가의 거치는 것이 절대 그치지 않을 것이기 때문입니다.

박해와 능욕은 복된 짐입니다. 여러분의 영혼이 예수님을 사랑할 때 그분을 위해 고난받는 것을 가벼운 일로 여기게 되어, 그런 어려움 앞에서 겁내 뒤로 물러나 믿음을 고백하기를 꺼리거나 이 영예로운 짐을 지지 않으려고 피하는 일은 결코 없습니다.

그리스도의 안식은 겁을 내는 데 있지 않고 용기를 가지는 데서 얻어지는 안식입니다. 그것은 평안을 제공하는 데서가 아니라 진리를 위해 용기 있게 고난을 감내함으로 얻어지는 안식입니다. 그러므로 우리가 지금 본문에서 듣고 있는 안식은 배움으로 얻어지는 안식입니다.

이렇게 말하는 친구가 있겠죠.

"나는 일하고 고난당함으로 얻는 안식을 얻는 방식을 알지 못합니다."

사랑하는 형제여!

그리스도 안에 있는 학교에서 배워야 합니다. 결코 예외가 없습니다.

그리스도를 배우기 위해서는 먼저 우리가 과거에 가졌던 모든 선입견을 버려야 합니다. 그런 선입견이 평안을 얻지 못하게 방해합니다.

신앙이 무엇인지에 대해 과거에 가졌던 개념들이 있죠?

복음의 교리가 어떠해야 한다는 식으로 스스로 만들어 낸 관념들이 있죠?

그 모든 것을 다 집어 던져야 합니다. 그러니 자기 생각을 익히는 것이 아니라 예수님을 배워야 합니다.

그리고 여러분이 기꺼운 마음으로 예수님을 배우려 하면, 반드시 그분이 가르치신 교리들만 아니라 그보다 더 큰 것을 배워야 합니다. 정통적 그리스도인이 되려고 학교에 가는 것은 훌륭한 일입니다. 그러나 참된 안식을 가져다주는 것은 심령의 정통성입니다.

본문이 "내 멍에를 메고 내게 배우라"고 했습니다. 주님이 "마음이 온유하고 겸손하다" 하신 것같이 그분의 마음을 본받으십시오. 그런 식으로 해야 참된 안식을 얻는 것입니다.

예수님의 심령을 포착하는 것이 안식에 이르는 길입니다. 예수님이 내게 가르치시는 바를 믿는 것은 그분을 나의 주로 믿고 있으니 그분을 지도자로 삼는 것이지만, 그것만이 아닙니다. 그분의 성품을 본받기 위해 사력을 다하는 것이 있어야 합니다. 외적 모습만 그럴듯하게 보이는 것이 아니라 내적 심령에서 그렇게 주님의 성품을 본받아야 합니다. 그것이 바로 안식의 문법입니다.

예수님은 이 요점에서 그분을 배우라 말씀하십니다.

예수님은 온유하신 분입니다. 그래서 "나는 마음이 온유하고 겸손하다"고 말씀하신 것입니다. 첫째로 '온유하다'는 말에 대해 생각해 봅니다. 그 말이 멍에를 메고 능동적으로 수고하는 것을 가리키고 있다고 생각합니다. 내가 그리스도를 위해 적극적으로 수고하고 있다면 내 주님의 온유한 심령을 소유하게 됨으로 반드시 쉼을 누릴 수 있습니다.

왜냐하면, 온유한 심령 없이 그리스도를 위해 수고하면, 그런 방식으로는 결코 쉼이 없다는 것을 금방 알게 될 것입니다. 그런 경우 내 목에 멘 멍에가 내 어깨를 짓무르게 하여 고통을 느낄 것이기 때문입니다.

어떤 이는 처음부터 제가 자기가 좋아하지 않는 방식으로 일을 처리한다고 불만을 가질 수 있습니다. 만일 제가 온유하지 않으면 내 교만한 심령이 즉시 일어나 나 자신을 방호하려고 할 것입니다. 그러면 벌써 마음이 초조해지거나 낙담이 되어 더 이상은 주님을 위해 일하지 않으려 할 것입니다. 온유한 심령은 쉬 성내거나 남이 자기 마음을 상하게 해도 쉽게 상처를 받지 않고 남의 허물을 보더라도 계속 자기 일을 해 나갈 것입니다.

온유한 심령은 자기를 비판하는 날카로운 말을 들어도 못 들은 척하거나 대꾸하려 하지 않을 것입니다.

온유한 심령은 자기를 찌르는 아픔으로 잠시 근심하고라도, 그렇게 자기를 찌르는 사람을 항상 용서할 준비가 되어 있고 지난 일을 지워 버리고 다시 이전의 일을 계속해 나갑니다.

온유한 심령이 일할 때도 다른 이들에게 선을 행할 목적을 항상 가집니다. 그런 사람은 어깨에 멍에를 메려고 수그립니다. 수고를 위해 정당한 자리에서 멍에를 메기 위해 계속 그런 자세를 유지합니다. 그리고 그 사람은 멍에를 멤으로 높아지기를 추구하지 않습니다. 자기의 그 수고로 그리스도께서 높아지시고 남들이 유익하게 되면 그것으로 온전히 만족합니다.

예수님이 모든 섬김의 일에서 얼마나 온유하고 겸손하셨는지 기억하십시오. 그분은 자기를 거역하는 자들을 고요하게 참아 내셨습니다. 사마리아 사람들이 그분을 영접하기를 싫어했습니다. 사도 요한은 주님이 자기에게 메

주신 멍에의 무게로 약간 괴롭다 느껴졌습니다.

그래서 제자 야고보와 요한은 주님께 질문했습니다.

> 이를 보고 가로되 주여 우리가 불을 명하여 하늘로 쫓아내려 저희를 멸하라 하기를 원하시나이까(눅 9:54).

가련한 요한이여!

그러나 그리스도께서는 섬김의 멍에를 온유한 심령으로 어찌 잘 감당했던지 그런 종류 외에 다르게 하실 수 없었습니다. 그래서 한 마을이 자신을 영접하지 않으면 다른 동네로 갔습니다. 거기도 영접하지 않으면 또 다른 동네로 갔습니다. 자기 선한 일의 수고를 알아주는 사람이 없다고 하며 불만을 가지는 교만한 사람은 선한 일을 하기에 피곤합니다. 그러나 용감하면서도 온유한 사람은 자기가 멘 멍에가 가볍다 여겨집니다.

> 너희가 피곤하여 낙심하지 않기 위하여 죄인들이 이같이 자기에게 거역한 일을 참으신 이를 생각하라(히 12:3).

만일 여러분이 그리스도의 온유함을 배우면 여러분이 진 멍에가 즐거워 보일 것이며, 그 멍에를 벗고 싶은 마음이 절대 생기지 않을 것입니다.

우리의 안식에 대한 이 수동적인 부분과 관련하여 본문의 "나는 … 겸손하다"는 말씀을 주목해 봅시다. 우리는 지상에 있는 동안 다 진리를 위해 무엇인가를 해야 합니다. 능욕받는 일은 복음의 한 부분입니다. 매 맞는 일은 언약에 속한 한 복입니다. 겸손한 마음은 하나님의 뜻을 묵묵히 따르니 자기 어깨에 있는 멍에를 가볍게 여깁니다. 겸손한 마음은 말합니다.

"제 뜻대로 마옵시고 하나님이 저로 인해 영광을 받으소서. 위대하신 하나님이 영광을 받으시면 저 같은 작은 자가 어디에 처한들 무슨 문제이겠습니까."

겸손한 심령은 자기를 위해 큰일을 구하지 않습니다. 그런 사람은 자기가 어떤 상태에 처해도 만족하는 법을 배웁니다. 우리 복되신 주님이 항상 그런 겸손한 심령을 가지고 일하셨습니다.

그분은 다투거나 소리쳐 자기 목소리가 길에서 들리게 하신 적이 없었습니다. 세상 제국의 시시한 것들에 매력을 느끼지 못하셨습니다. 만일 제국이 다른 이 말고 오직 예수님을 위해 나팔을 불어 그 명성을 드러내겠다고 제안했어도, 그 제안을 조금도 받지 않으셨을 것입니다. 마귀가 이 세상 나라들과 그 영광을 주겠다고 제안했을 때, 예수님은 그 시험을 단박에 물리치셨습니다.

주님은 온유하시고 주제넘지 않고 자기를 부인할 줄 아는 분이셨습니다. 그래서 자기에게 주어진 가난과 수치의 짐을 가벼운 것으로 취급하셨습니다. 우리가 그리스도의 심령을 배우기만 하면, 우리 영혼이 쉼을 얻을 것입니다.

그러나 우리가 찾아야 하는 안식은 전적으로 우리의 심령이 그리스도를 본받게 되는 분량에 따라서 성장한다는 것을 주목해야 합니다.

내게 배우라 그리하면 너희 마음이 쉼을 얻으리니(마 11:29).

그러니 그 안식은 우리가 처한 환경과는 별도로 영적인 것입니다. 우리 환경이 나아지면 우리가 더 쉼을 누릴 것이라고 우리의 상상은 허상입니다. 궁핍 가운데서 쉼을 가지지 못하면 부자가 되어서도 마찬가지입니다. 박해 가운데서 쉼을 얻지 못하면, 존영을 입을 때에도 쉼을 얻지 못할 것입니다.

그 안식을 주는 것은 내면의 심령입니다. 그 안식은 밖에 있는 어느 것과도 별 상관이 없습니다. 왕좌에 앉아 본 사람들은 그 자리가 불안한 자리임을 알았습니다. 반면에 고문대에 묶여 고통을 받던 사람들은 자기들이 쉼을 누리고 있다고 선언했습니다.

여러분의 마음이 그리스도의 마음을 본받게 하십시오. 그러면 여러분의 영혼이 쉼을 얻을 것입니다. 깊은 안식, 성장하는 안식, 더욱더 드러나 보이는 안식, 내면에 거하는 안식이 바로 그것입니다.

의롭다 하심(Justification)을 받으면 죄의 짐에서 쉼을 얻습니다. 그런데 성화(Sanctification)는 마음을 찌르는 염려에서 벗어난 쉼을 얻게 할 것입니다. 성화의 정도가 완전에 가까울수록 그리스도를 더 닮아 가게 됩니다. 그래서 여러분의 안식은 하늘의 안식을 더 닮게 될 것입니다.

여기서 우리가 한 가지 더 주목할 것이 있습니다. 신자들에게 처음 주어지는 안식은 우리가 우리 주 예수 그리스도의 복된 인격을 존중하고 찬미하게 만듭니다.

"(왜냐하면) 나는 마음이 온유하고 겸손하니."

처음 안식이든 두 번째 안식이든 다 우리 주님에게서 오는 것입니다. 보물 상자와 보물이 다 비밀의 서랍 속에 있습니다. 그 모든 것은, "왜냐하면, 나는 …"에 달려 있습니다.

그런데 두 번째 안식에 대한 묘사에서 첫 안식의 경우보다 그리스도에 관해 더 많은 것을 우리가 듣게 됩니다.

첫 안식의 경우에는, "내가 너희를 쉬게 하리라" 했습니다. 그런데 두 번째 안식의 경우에는 그리스도의 성품에 대해 더 충분하게 묘사됩니다.

"(왜냐하면) 나는 마음이 온유하고 겸손하니."

마치 신자가 은혜 안에서 자라 안식을 더 누리게 됨에 따라 예수님을 더 많이 알고 배우게 됨을 보여 주기라도 할 양으로 묘사하고 있다는 말입니다.

죄 용서를 받는 자들 모두는 그리스도께서 바로 그 안식을 주신다는 것을 압니다. 그러나 그 후에 그리스도와의 달콤한 교제 가운데서 안식하게 될 때 그리스도의 인격 속성들을 더 많이 압니다. 그래서 그들의 안식이 더 깊어지고 더 완전해지는 것입니다.

이제 이 요점을 우리의 실천에 적용하는 문제를 생각해 봅시다. 마태복음 11장을 읽으면 그 실마리를 발견할 것입니다.

첫째, 여러분의 영혼이 안식하게 되면 사람들이 무어라고 판단해도 그것이 여러분에게 영향을 미치지 못할 것입니다.

그리스도의 멍에를 메고 그리스도를 섬기세요. 그리스도의 짐을 지되, 그리스도의 이름을 위해 모든 일을 감당한다는 점을 분명하게 하세요. 그러면 사람들이 여러분을 비판하거나 칭찬하는 것에 휘둘리지 않을 것입니다. 왜냐하면, 자신을 아버지의 뜻에 복종시켜 드림으로 여러분의 영혼이 안식하게 하고 있으니 말입니다. 실로 그리스도를 배우면 배울수록 사람들을 두려워하는 데서 벗어나 자유로우며 안식하게 될 것입니다.

둘째, 다음으로 생각할 것은 이것입니다. 여러분이 그런 입장에 있으면 성공하지 못해 안달하는 초조함에서 벗어나게 될 것입니다.

> 예수께서 권능을 가장 많이 행하신 고을들이 회개하지 아니하므로 그때 책망하시되(마 11:20).

예수님이 많은 권능을 행하시며 복음을 전파하신 도성의 사람들이 회개하지 않았습니다.

그래서 예수님의 의기가 꺾였습니까?

우리의 흔한 경우같이 주님이 '이 일을 그만하자'는 식으로 나오셨습니까?

결코 아닙니다. 그런 경우에도 우리 주님의 마음은 안식하고 계셨습니다. 우리가 예수님께 오면 우리도 안식을 얻게 될 것입니다.

그때 우리 주님은 회개치 않은 이들을 질책하셨습니다.

주님은 복음을 듣고 그 복음을 거부한 그들이 심판 날에 당할 일은 소돔과 고모라가 당한 일보다 더 끔찍할 것이라 말씀하셨습니다. 어떤 이들은 하나님의 판단과 다투면서 회개하지 않은 자들을 정죄하시는 하나님의 처사를 참아 낼 수 없다고 선언하기도 합니다.

그들의 그런 자세가 주님의 짐을 지지 않고 오직 자기 고집대로 하는 데서 나온 것이 아닙니까?

요한계시록을 보면, 성도들이 바벨론을 멸망케 하신 하나님의 진노 연기가 세세토록 올라가는 것을 보면서 '할렐루야 하나님을 찬미하는 노래'를 부르고 있습니다. 우리가 그리스도의 멍에를 메고 마음이 온유하지 못하면, 결단코 그 가공할 하나님의 심판을 겸비한 믿음으로 받지 않을 것입니다.

우리가 예수님을 닮으면 죄에 대한 하나님의 심판이 너무 심하다고 느끼지 않을 것입니다. 오직 하나님의 공의에 공감하며 그 하나님의 심판에 '아멘' 할 것입니다. 온유한 마음은 결코 하나님을 판단하는 자리에 앉는 무례함을 범하지 않을 것입니다. 도리어 모든 것을 판단하시는 하나님의 판단이 다 옳을 것을 확신하게 될 것입니다.

성도들은 하나님의 주권에 대해서도 같은 자세를 취합니다. 예수님을 배우면 하나님의 일하시는 경륜(經綸)을 인해 안식할 것입니다. 주 하나님이 무엇을 결정하셔도 즐거워할 것입니다. 하나님의 예정(豫定, Predestination)이 우리를 우울하게 하기보다는 하나님이 모든 것을 정하신 것을 인해 하나님께 감사하게 할 것입니다.

　제가 생각하는 것이 옳은지는 모르겠는데, 이 본문을 여러 각도에서 생각해 봄에 따라서 우리 구주께서 우리가 이제까지 숙고해 온 것보다 더 깊은 교제를 염두에 두셨을 것이라는 생각이 제 마음을 때립니다.

　주님이 이런 것을 의도하지 않으셨을까요?

　'내 멍에'라 하실 때 주님이 친히 어깨에 메고 계신 멍에를 생각하셨던 것이 아닐까요?

　밭을 갈 때 대개 두 마리의 황소가 함께 한 멍에를 메게 합니다.

　자, 우리 구주께서 우리에게 말씀하신다고 생각해 보세요.

> 나는 내 어깨에 멍에의 한쪽을 메고 있다. 내 제자여, 멍에의 다른 쪽은 네 목으로 받히라. 그리고 내게 배우라. 나와 보조를 맞추라. 내가 누구인지 알고 너도 그런 자가 되고, 내가 하는 대로 너도 행하라.
>
> 나는 마음이 온유하고 겸손하다. 네 마음도 내 마음을 닮으라. 그러면 우리가 복된 교제 속에서 함께 일하게 될 것이고, 너는 나와 함께 일하는 것이 행복인줄 알게 되리라. 내 멍에는 내게 쉬우니 네게도 쉬울 것이다.
>
> 그러니 오라. 참으로 나와 함께 멍에를 멜 자여, 나와 함께 멍에를 메자.
>
> 내 멍에를 메고 내게 배우자.

　이 본문에 아마 그런 뜻이 있을 것입니다. 이 본문 말씀으로 예수님은 가장 친근하고 영예로운 교제를 누리자고 우리를 초청하고 계십니다. 만일 이 본문이 그런 의미가 아니더라도, 어찌해서라도 그리스도를 추구하고 그리스도와 함께 수고하는 일꾼이 되기를 바라며 그리스도와 한 멍에를 메려 힘쓰세요. 그것이 바로 우리의 몫입니다. 아멘.

제5장

제목: 오직 그분만 신뢰하라!
오직 그분만 신뢰하라!

■ 본문: 누가복음 17:12-14

■ 설교 요약
자기 구원을 위해 사람은 오직 예수 그리스도만 온전히 철저하게 신뢰해야 한다. 신뢰는 표적이나 몸으로 체험하는 것을 전혀 기대하지 않고 온전하게 예수 그리스도께서 자기를 구원하셨음을 믿는 것이다.

■ 이 설교에서 기억할 만한 문구
"하나님을 믿는 사람은 더 이상 하나님의 원수가 아닙니다."
"여러분에게 간청합니다. 제발 예수님을 단번에 신뢰하세요."
"이것이 제가 강조하고자 하는 제일 중요한 요점입니다.
죄인들이여!
여러분은 영생을 위해 예수님을 믿어야 합니다."

Spurgeon on Resting in the Promises of God

제5장
오직 그분만 신뢰하라!
오직 그분만 신뢰하라!

> 한 마을에 들어가시니 나병환자 열 명이 예수를 만나
> 멀리 서서 소리를 높여 이르되 예수 선생님이여 우리를 불쌍히 여기소서
> 하거늘
> 보시고 이르시되 가서 제사장들에게 너희 몸을 보이라 하셨더니
> 그들이 가다가 깨끗함을 받은지라(눅 17:12-14).

이 구절들의 말씀 속에 여러 가지 흥미로운 주제가 발견됩니다. 우리는 여기서 죄의 넘치는 열매와 그 죄에 대처하시는 하나님의 능력의 풍성함을 함께 봅니다.

열 명의 나병 환자가 한 떼를 이루고 있으며, 또 그들이 한꺼번에 치료를 받아 깨끗함을 입습니다. 그래서 우리는 그리스도께서 어떻게 처음 나오셔야 하는지, 그다음에 두 번째로 정결하게 하는 예법이 어떻게 적용되는지를 발견합니다. 처음에는 은혜의 역사(役事)요, 그다음은 그것을 외적으로 보여 주는 표지입니다.

나병으로 인해 버림받은 그들에 대해 우리 주님의 자비하심을 나타냅니다. 멀리서 주님을 부르는 간청의 기도에 관심을 가지셨고, 그다음에는 당시 유효하던 율법의 정결 규례를 존중하셨습니다. 우리는 이 요점들 하나하나를 묵상하면 교훈을 받을 수 있습니다. 그러나 오늘 저는 여러분의 시선을 오직 한 가지 요점에만 집중하게 하려 합니다.

구주 예수께서 열 명의 나병 환자들에게 그분을 믿는 믿음의 행위를 수행하라고 요구하셨습니다. 그들이 그 요구를 수행하던 중에 구주께서 자기들에게 선한 일을 하셨다는 것을 보여 주는 가장 작은 증거를 갖기 전에 먼저 믿음의 행위를 요구하신 것입니다.

자기들의 오염된 피가 정결하게 되었음을 느끼기 전에, 곧 나병이 자기들 몸에 가져온 가공스런 건조 증상을 이겨 내는 건강한 땀이 자기들 몸에서 나기 시작함을 느끼기 전에, 먼저 그들은 제사장의 집으로 가서 자기들 몸을 보이고 정결하게 되었다는 선언을 받아야 했습니다.

그들이 제사장에게 몸을 보여 자기들의 건강하게 됨을 검증받으려 출발했습니다. 그렇게 함으로써 예수님이 자기들의 몸을 치료하셨거나 치료하실 것을 믿고 있음을 드러내야 했습니다. 그들이 그러기 전에는 자기들의 몸이 어린아이의 몸과 같이 정결하게 되었는지를 보여 주는 어떤 내적 증거가 없었습니다.

제가 여러분에게 주목하게 하는 요점이 바로 이것입니다. 주 예수 그리스도께서 죄인들에게 "나를 믿으라, 네 영혼을 내게 맡겨라"라고 명하십니다. 비록 그들 자신 속에 그리스도의 은혜 역사를 알리는 어떤 증거도 아직 갖지 않았을지라도 말입니다. 이 사람들이 나병 환자들이라는 사실 이외에 아무것도 내세울 것이 없었듯이, 여러분도 죄인들이니 아무것도 내세울 것이 없습니다.

오직 여러분의 지금 그 모습 그대로 예수 그리스도를 믿는 믿음을 과시하라는 명을 여러분은 받고 있습니다. 이 열 명의 나병 환자는 그 몸 그대로 제사장에게 곧바로 가야 했고, 마치 자기들이 이미 치료받은 자들인 것같이 느낀다는 식으로 제사장에게 가야 했습니다.

죄밖에는 아무것도 없는 여러분도 그렇습니다. 여러분의 정죄감이 여러분의 영혼을 무겁게 짓누르고 있습니다. 그렇지만 여러분의 있는 모습 그대로 주 예수님을 믿으세요. 그러면 바로 그 순간에 영생을 얻게 될 것입니다. 이것이 제가 강조하고자 하는 제일 중요한 요점입니다.

죄인들이여!

여러분은 영생을 위해 예수님을 믿어야 합니다.

1. 회심하지 않은 사람들이 그리스도를 믿기 위해 보여 달라는 표적들

먼저 우리는 죄라는 가장 큰 질병을 치료받기 위해 예수 그리스도를 믿어야 합니다. 우리가 예수님께 우리 영혼을 맡겨 버리는 모험 전에 우리 안에 어떤 표적이나 증거를 찾으려 하지 말아야 합니다.

가장 흔한 사례인데, 어떤 큰 죄를 의식하고 그로 인해 임할 하나님의 진노에 대한 가공할 두려움 때문에 절망하는 경우입니다. 말하기 이상하지만, 우리는 다음과 같이 말하는 이들을 부단하게 만나게 됩니다.

"만일 제가 죄의식의 짐을 더 느끼게 되면 예수 그리스도를 믿을 수 있을 것입니다. 만일 내가 전적으로 낙담하고 절망에 겨울 정도로 더 철저하게 죄의식을 가졌더라면 믿을 수 있었을 겁니다. 그러나 저는 그렇게 철저하게 지금 하게 되지는 않았다고 확신합니다. 그래서 그리스도를 믿을 수 없어요."

참 이상한 생각이네요.
밤이 더 깊어지면 우리가 더 잘 볼 수 있다니요!
참 이상한 개념입니다.
죽음에 더 가까우면 생명의 소망을 더 낫게 가질 것이라니요!
자, 여기 보세요.
사랑하는 친구들이여!
여러분은 분명 그리스도를 불신앙하며 그 말과 그 행동을 하고 있습니다. 그분께서 여러분이 그분 자신을 믿게 하고 싶으시면, 여러분의 느낌의 다소에 따라서나 여러분의 느낌의 종류에 따라서 그리하시는 분이 아닙니다. 오직 여러분이 아프니 그분이 오셔서 치료하셨기 때문에 믿게 하실 것입니다.
여러분이 "주여, 제가 이것이나 저것을 느끼지 못하면 믿을 수 없어요"라고 말한다면, 사실 이렇게 말하고 있는 셈입니다.
'저는 제 자신의 느낌을 믿을 수 있습니다. 그러나 하나님이 지정하여 보내신 구주를 믿을 수 없습니다."

그런 식으로 말하면, 여러분은 자신의 느낌들을 가지고 신(神)들을 만들어 내고 자신의 내적 슬픔을 가지고 구주를 만들고 있는 것이 아니면 무엇이겠습니까?
여러분의 마음에 어두운 느낌이 스며들어와 하나님의 사랑을 대적하게 해야 구원받는다는 식이지요?
그러면 새 복음이 나와 행세를 하는 것이 아니겠어요?
'예수님의 능력을 부인하고 절망하는 자는 구원을 받을 것이라'는 식이 되는 것이 아니겠습니까?

예수님이 자신의 피로써 경건하지 않은 자들을 의롭다 하시고 악인들을 그 죄에서 정결하게 하심을 여러분은 알고 있습니다.

비록 그것이 진리임을 알고 있음에도 불구하고, 여러분이 '내 죄책이 용서받을 수 없을 정도라고 느끼지 않으면 예수님의 완전한 속죄를 의지할 수 없다'고 말하다니요!

제발 그러지 마세요. 여러분이 마땅히 느껴야 한다는 미련한 생각대로 느끼는 일이 절대 일어날 수 없습니다. 왜냐하면, 절망의 느낌들은 주 예수님을 모독하고 주의 성령님을 크게 근심하게 하는 것이기 때문입니다. 그런 느낌들이 여러분에게 유익이 될 수 없습니다. 만일 그런 식으로 하면, 여러분은 자신의 좌절을 신으로 삼고 자신의 공포심에서 그리스도를 만들어 내는 셈입니다. 그렇게 함으로 여러분은 그리스도께서만 서셔야 할 자리에 적그리스도를 세우고 있는 것입니다.

여러분에게 간청합니다. 제발 예수님을 단번에 신뢰하세요.

여러분이 예수님을 신뢰할 수 있습니까?

왜냐하면, 그 일은 바로 예수님이 하라고 명하시는 바이기 때문입니다. 어느 사람이라도 그리스도를 믿는 일에 의문을 제기한다는 것이 얼마나 이상하게 보입니까. 자신의 느낌은 선뜻 믿으려 하면서도 구주를 믿지 않는 것이 얼마나 모독적이고 미친 짓입니까.

이 열 명의 나병 환자들은 제사장에게 가서 자신들의 몸을 보이라고 명하시는 예수님의 말씀을 들을 때 자기 몸에 어떤 변화도 느끼지 못했습니다. 그런데도 그들은 예수님의 명대로 제사장에게 나아갔습니다. 그렇게 하자 그들이 온전하게 되었습니다.

여러분 모습 그대로 예수 그리스도를 신뢰하세요. 여러분이 이제까지 예수님을 믿는 데 필요한 준비로 생각하던 느낌들이 없어도 믿으세요.

또 다른 많은 사람이 그리스도를 믿을 수 있기 전에 기쁨을 체험해야 한다고 생각합니다.

우리가 즐거워하는 것에서조차 악을 발견하려 합니까?

주님의 기쁨을 가지고 여러분의 불신앙을 먹이려 하는 것입니까?

"참 이상한 고집이네요"라고 말하면 그들은 이렇게 대꾸하려 듭니다.

"그리스도를 믿을 수 있기 전에 내가 행복해져야 하지 않나요?"

대체 무슨 말을 하고 싶은 건지 모르겠습니다.

믿음을 행사하기 전에 반드시 기쁨을 가질 필요가 있다고요?

참으로 얼토당토않은 논리입니다!

달콤한 열매를 맺기 위해서는 그 뿌리가 그런 종류여야 합니다.

그 말을 듣고 뿌리를 내리기 전에 열매를 가져야 한다고 말하고 싶은 것입니까?

그런 논리는 분명 그릇된 것입니다. 그런 기쁨을 체험한 우리는 그 기쁨을 얻기 위해 그리스도께 왔습니다. 우리는 그 기쁨을 얻기까지 기다리지 않았습니다. 그렇지 않았다면 지금까지 기다렸어야 했습니다. 우리의 있는 모습 그대로 예수님께 나와 그분을 그리스도로 믿었습니다. 그리고 우리가 나음을 입게 되었습니다. 그런 다음에 기쁨과 평안함이 따라왔습니다.

주 예수 그리스도께서 여러분을 위로하시거나 의식적으로 알게 치료하시기 전에, 예수님이 여러분에게 명하시는 대로 하여 그분이 여러분을 구원하실 줄 믿으세요. 예수님을 믿음에 앞서 여러분의 마음에 공포심의 구름이나 즐거움의 화염이 일어나기를 기대하지 마세요. 오직 겸손하게 그리스도를 의뢰하는 식으로 믿는 믿음이 그 모든 것보다 앞섭니다.

우리는 자기들의 마음에 성경의 어떤 본문이 깊은 인상 남기기를 기대했던 자들을 알고 있습니다. 그런 자세로 인해 일종의 미신이 자라납니다. 성경의 어떤 특별한 구절이 어떤 방식으로든 그 마음에 어른거려 계속 떠나지 않아 마음에서 지워 낼 수 없게 된 다음에야 구원받기를 희망할 수 있다는 식입니다. 저는 그런 자들이 결론을 내리게 가르친 적이 전혀 없었기를 바랍니다. 그런 자들을 도와 그렇게 의문스러운 기초를 가진 확신을 하게 할 이유가 제게는 전혀 없습니다.

하나님의 성령께서 성경의 어떤 말씀을 영혼에 강력하게 적용하시는 일은 흔히 있는 일입니다. 그러나 이 사실마저 우리가 설 반석으로 제시되지 말아야 합니다. 기억하십시오. 그것이 진리가 아니라면, 여러분의 마음이 가지는 인상이 그것을 진리로 만들지 못할 것입니다.

반면에 그것이 진리라면, 어째서 그것을 믿지 않나요?

여러분이 성경의 독자로서 성경의 어떤 본문이 여러분의 영혼에 불같이 길을 내어 들어오기까지 기다려야 한다는 망상에 빠지지 말아야 합니다. 오직 주의 깊게 성경을 읽고 성경에서 주 하나님이 말씀하시는 바를 믿으세요.

더구나 저는 여러분으로 이것을 기억하게 하고 싶습니다. 성경 읽기 자체가 여러분을 구원하는 것이 아닙니다. 여러분을 구원하는 것은 바로 그리스도를 믿는 믿음입니다.

그리스도께서 친히 무어라 하셨습니까?

당시 성경을 읽는 이들에게 말씀하셨습니다.

> 너희가 성경에서 영생을 얻는 줄 생각하고 성경을 연구하거니와 이 성경이 곧 내게 대하여 증언하는 것이니라(요 5:39).

성경을 연구하는 것이 아무리 좋아도 그리스도 없이는 그것이 아무것도 아닙니다. 만일 그리스도를 믿지 않은 채 성경을 읽으면 성경이 정죄하는 것만을 읽고 있는 셈입니다. 만일 믿음으로 그리스도를 친밀하게 모시는 것을 성경 읽기로 대체하면 성경 자체가 여러분을 거쳐 넘어지게 만들 뿐입니다.

여러분이 바로 당장에 할 일은 예수님을 신뢰하는 것입니다. 어느 정도 분량으로 성경을 읽었다 해도 그것이 그리스도를 믿기 꺼리는 것을 보상하지 못합니다. 성경의 어느 본문도 여러분의 마음에 전혀 와 닿지 않은 상태에서도 여전히 다음의 진리는 서 있습니다.

주 예수를 믿으라 그리하면 너와 네 집이 구원을 받으리라(행 16:31).

제 설교를 듣고 계신 사랑하는 여러분!

그것이 바로 여러분의 일입니다. 여러분이 즉시 평안을 얻고 싶다면 주 예수 그리스도를 믿으십시오.

그리스도를 믿는 것을 거부하려고 시도하는 이들의 다른 방식이 있습니다. 그들은 구주 예수님을 믿기 전에 실질적 회심이 자기들 속에 분명하게 나타나기를 기대합니다. 그러나 그리스도께서 회심하지 않은 이들 속에서는 구원을 일으키지 않으심을 이해해야 합니다.

우리의 완전한 돌아섬, 죄로부터 거룩으로 온전하게 회심하는 일이 있어야 합니다. 그러나 회심 자체가 구원입니다. 회심한 후에 구원이 이루어지는 것이 아닙니다. 회심은 그리스도의 치료 능력의 나타남입니다. 그러나 그리스도를 믿기 전에는 그런 능력을 맛보는 것이 아닙니다.

가련한 죄인인 여러분이 어찌하여 "나는 성도가 아니니 구원을 받지 못한다"고 말합니까?

누가 여러분이 성도라고 말했습니까?

여러분을 성도로 만드는 것은 그리스도의 일입니다.

"오, 그런 내가 마땅한 대로 회개하지 않습니다."

여러분의 마음을 부수시는 분이 그리스도십니다. 여러분이 먼저 마음을 가지고 난 다음에 그 마음으로 그리스도께 나오는 것이 아닙니다.

그냥 있는 그 모습 그대로 예수님께 나오세요. 완악하고 돌같이 몰지각한 마음을 가진 여러분의 모습 그대로 지금 당장 그분을 믿으세요. 다른 모든 것을 다 그분의 구원하시는 권능에 맡기세요.

어떤 사람은 "나는 예수님을 믿을 강한 소원을 가지고 있지 않은 것 같아요"라고 말합니다. 그리스도께서 친히 성령님으로 말미암아 모든 신령한 적은 욕심을 주십니다. 그분이 자비의 알파벳 A를 시작하시는 구주십니다. 그분은 여러분에게 B, C, D는 네가 책임지라 하지 않으십니다. 도리어 그분의 약속이 여러분에게 주어집니다.

그러나 처음 시작을 그분이 하십니다. 강도 만난 사람을 발견한 선한 사마리아인은 강도 만난 사람이 있는 곳으로 왔습니다. 예수님이 친히 그리 하십니다. 그분은 이렇게 말씀하시는 분이 아닙니다.

"상처 입은 사람아!

일어나 내게 오라. 그리하면 내가 네게 기름과 포도주를 부어 줄 것이라."

아닙니다.

선한 사마리아인은 강도 만나 부상한 사람이 꼼짝하지 못하고 누워 있는 곳으로 가서 그를 굽어보며 옷을 헤집고 상처를 깨끗하게 하고 기름과 포도주를 부었습니다. 그리고 그를 일으키며 자비의 집으로 데려다줍니다.

불쌍한 영혼이여!

내 구주께서 절반의 구주가 아니고 완전한 구주십니다. 여러분이 사망의 문들 앞에 누워 있고 지옥의 문들이 여러분을 두렵게 하고 있더라도 구주께서는 마치 여러분이 천국 문턱에 앉아 있던 것과 같이 능히 여러분을 구원하실 수 있습니다.

여러분이 있는 자리에서 여러분 모습 그대로 여러분을 구원하시는 그리스도를 믿으세요. 회심을 먼저 기다리지 마세요. 회심은 믿음의 결과로 오는 것으로 알고 기대하세요.

어떤 이들은 말로 표현하기 어려운 매우 호기심 어린 상념을 가지고 있습니다. 그들은 자기들이 구원받으려면 어떤 매우 특이한 기분(sensation)을 가져야 한다는 식으로 생각하고 있습니다. 그들은 자기들이 어떤 신비로운 양식의 느낌이 들었다면 그리스도를 믿었을 것으로 생각합니다.

어떤 이는 "아, 그러나 저는 정말 특이한 느낌이 들었어요"라고 말하고 싶을 것입니다. 지금 런던의 성베들레헴정신병원에 그렇게 말할 수 있는 이들이 많습니다.

여러분이 무엇을 느꼈다는 것이 무슨 문제입니까?

여러분을 구원하는 것은 느낌이 아닙니다. 예수님을 믿는 믿음이 여러분을 은혜의 복락으로 데려다줄 것입니다. 그러나 여러분이 먹는 것이나 날씨나 병적 흥분이나 그 외 백 가지의 요인으로 특이한 느낌들이 들 수 있습니다. 흥분이 어느 사람도 구원하지 못합니다. 소설책을 읽거나 연극을 보고도 감동을 하여 눈물을 흘리는 이들이 많습니다.

그러나 그것이 구원과 관련하여 무슨 유익이 있습니까?

종교적 흥분으로 감동할 수 있습니다. 그리고 정서의 절반은 순전히 몸과 연관될 수 있습니다. 그러나 그런 흥분 속에 구원하시는 하나님의 은혜에 속한 것이 하나도 없습니다.

여러분이 예수님을 믿을 수 있고 실제로 믿는다는 사실 속에 이미 본질적 능력이 있습니다. 그 능력으로 말미암아 여러분 마음의 무관심에서 여러분이 건짐을 받게 되는 것입니다. 하나님을 믿는 사람은 더 이상 하나님의 원수가 아닙니다. 우리가 신뢰하는 이들을 사랑하는 법을 금방 배우게 됩니다.

여러분도 알다시피, 이런 일은 특이한 기분이나 흥분을 요구하지 않습니다. 예수님을 믿는 일은 명백하게 충분한 진리입니다. 그에 대한 최선의 증거는 표적이나 표지나 증거들이나 내적 느낌들이나 인상들이 아니라, 그런 상념에서 벗어나 그리스도를 믿는 것입니다. 거기에 구원하는 변화의 진수가 있습니다. 자신에게서 벗어나 그리스도 예수님 안에 계신 주 하나님께 나아가는 것입니다.

어떤 선원이 좋은 닻을 가지고 있습니다. 그 닻은 해군에서 사용되었던 닻 중에서 가장 좋은 것에 속합니다. 그는 자기 배 갑판 위에 그 닻을 올려놓고 있습니다. 그런데도 아직 그 닻이 그에게는 한 푼어치의 사용가치가 없습니다. 그 닻이 배 위에 덩그러니 있을 때는 그 닻의 목적에 부합하지 못합니다. 그런데 닻을 내리기 위해 조각배에 싣고 내립니다. 갑판 위에 있던 그 닻을 끌어내리며 그것을 봅니다.

그러면 얼마나 놀라운 닻인가요!

폭풍이 치는 날에 그 닻이 배를 견고하게 붙들지 않겠어요?

바람이 몰아치고 파도가 흉포해집니다. 그러나 그는 그 닻을 믿고 배 위에서 안전감을 느낍니다.

미련한 사람이여!

이런 닻은 당신의 눈으로 볼 수 있을 때는 아무 쓸모가 없습니다. 배의 닻이 없으면 배는 도저히 정박해 있을 수 없습니다.

닻을 깊은 바다 밑까지 내려야 합니다. 그대의 믿음 닻을 배 밖으로 던져야 합니다. 믿음이라는 닻이 여러분 자신 안에 있는 느낌이나 받은 인상들이나 그 어느 것에도 붙들려 있지 못하게 하세요. 오직 그것을 여러분 자신 밖으로 던져 무한한 사랑의 물속 깊은 곳으로 던지세요. 그래서 그 믿음의 닻이 예수님을 꽉 붙잡게 하세요. 갑판 위에 있는 닻은 배의 무게를 증가시킬 뿐입니다. 갑판 위에만 고정된 닻은 폭풍우가 몰아치는 날에 배에게 아무런 도움을 줄 수 없습니다.

2. 예수님을 믿는 이치

죄인인 나 자신의 정당성은 예수님께 무엇입니까?

우리 자신 안에서 어떤 정당성이 있는지 살필 필요가 없습니다.

우리가 그리스도를 믿는 일의 정당성은 하나님이 친히 자신의 아들 예수 그리스도에 관한 증언하심 속에서 찾아야 합니다. 영원하신 아버지 하나님이 그리스도를 "우리 죄만 아니라 온 세상을 위한 화목 제물로 내어" 주셨습니다.

그렇다면 이보다 더 정당한 이유를 어디서 찾습니까?

하나님을 믿지 않는 사람은 하나님을 거짓말하는 분으로 만들었습니다. 왜냐하면, 아들 그리스도에 관한 하나님 자신의 증언을 믿지 않았기 때문입니다.

거짓말하실 수 없는 하나님의 음성보다 더 확실한 것이 무엇이겠습니까?

제 설교를 듣고 있는 사랑하는 여러분!

저는 마치 여러분에게 다른 아무 증거도 제시하지 말아야 한다는 느낌이 있습니다. 주 하나님의 완전한 진리가 그 진리 됨을 증거하는 저를 필요로 하지 않으니, 제가 그분을 변증하려 하는 것이 주 하나님을 모독하고 있는 것같이 보입니다. 주 하나님이 자신의 아들을 믿는 이들을 용서하실 의향을 가지고 친히 기다리신다고 친히 증거하십니다.

그런데 어째서 우리가 그렇게 은혜로운 선언을 의심해야 합니까?

구주를 믿으시고 더 이상 아무 의문도 제기하지 마세요.

그다음으로 우리가 예수님을 믿는 믿음의 정당성을 예수님이 친히 보증하십니다.

예수님이 지상에서 증언하셨습니다. 그리고 그분의 증언은 참이십니다. 바로 우리가 마땅하게 믿을 분으로 하나님이 친히 말씀하시는 그분 예수님이 대체 누구신지 숙고해 보세요. 그분의 인격을 살펴보세요. 그분은 하나님이십니다.

'바로 그 하나님의 그 하나님이십니다.'

그런데 우리가 그분을 의심한다?

그분은 완전한 사람이십니다. 우리를 위해 친히 완전한 인성(人性)을 취하셨습니다.

그런데 우리가 그분을 의심할 수 있다고요?

그분은 완전한 삶을 영위하셨습니다.

그분이 거짓말하신 적이 있습니까?

그분이 거짓되다 고발한 자는 누구입니까?

> 그리스도께서도 한 번 죄를 위하여 죽으사 의인으로서 불의한 자를 대신하셨으니 이는 우리를 하나님 앞으로 인도하려 하심이라(벧전 3:18).

그리고 하나님이 자신의 사랑하시는 아들 그분의 제물을 받으셨습니다.

그분이 우리를 위해 죽으신 것보다 그분의 미쁘심을 보여 주는 더 확실한 증거가 어디 있습니까?

주님이 거짓말하신 적이 있으면 말해 보세요.

오, 인생들이여!

주님께 나아오는 죄인 중에 거절당한 자가 있는지 말해 보세요.

주님이 죽은 자 가운데서 다시 살아나신 것과 하늘에 오르시어 하나님 우편에 앉으신 것을 여러분도 아시지요?

그분은 이제 곧 오실 것입니다.

그런데 주님을 그저 위선이나 떠는 자로 대우하다니 말이 되나요?

여러분이 그리스도를 믿을 수 없습니까?

감히 그리스도를 신뢰하지 않을 수 있습니까?

여러분은 그분 안에 있는 것들보다 더한 무슨 표적을 원하는 것입니까?

어떤 사람이 죽은 자 가운데서 다시 살 것이라고 했으면 여러분은 믿지 않을 것입니다. 그러나 예수님을 믿지 않는다면 말이 되지 않습니다. 여러분은 죽은 자 가운데서 부활하신 그리스도를 모시면 모세와 선지자들이 가진 것보다 더 큰 표적을 가지고 있는 셈입니다.

그래도 그리스도를 믿지 않겠어요?

여러분의 영혼을 지금 즉시 그분께 던지시고 여러분의 지금 모습 그대로 주님을 믿으세요. 그러면 그분이 여러분을 구원하실 것입니다. 그분은 자신의 말씀과 달리 여러분을 받지 않는 일은 없습니다. 도리어 여러분의 죄책을 자신의 피로 정결케 하실 것입니다. 여러분이 그렇게 정결케 되기를 원한다면 말입니다.

그리스도를 믿는 정당성의 근거는 하나님이 여러분에게 믿으라 명하심 속에 있습니다.

주 예수를 믿으라 그리하면 너와 네 집이 구원을 얻으리라(행 16:31).

우리가 우리 주님으로부터 받은 명령, "천하 온 족속에게 주님의 이름으로 이 복음을 전파하라"는 명령은 여러분에게 믿으라 요구하는 명령입니다. 이 하나님의 명령은 여러분이 예수님을 믿을 충분한 근거가 되는 것입니다.

문이 열렸으니 들어오세요.

잔치가 열렸으니 와서 드세요.

샘물이 가득하니 와서 씻으세요.

한 가지만 더 말씀드리겠습니다. 저는 감히 이 불쌍한 열 명의 나병 환자가 예수님을 믿은 것은 그분에게 깨끗함을 받은 다른 나병 환자들의 말을 들었기 때문이라고 말합니다.

자, 여기 여러분 앞에 한 사람이 서 있습니다. 그는 더 많은 사람의 대표자로 서 있습니다. 때가 되면 그 대표자는 일어나서 같은 것을 말할 것입니다.

나는 죄로 가득한 길을 잃은 상태로 예수님께 나왔습니다. 그저 완악한 마음과 무거운 심령을 가진 채 말입니다. 나는 그분을 우러러보았고, 그분이 나의 성품을 바꾸었고 내 죄를 도말하셨습니다. 그리하여 내가 그분과 그분을 위해 참되고 선하고 부유한 모든 것을 사랑하게 만드셨습니다. 그러므로 나의 주 예수님을 믿으세요. 그러면 당신도 당신 안에 내게 일어난 바로 이적이 일어남을 느끼게 될 것입니다.

3. 예수님을 의뢰함이 불러오는 것

'오직 예수님을 믿으라'는 이 교리는 우리를 무엇으로 인도합니까?
무엇을 불러옵니까?
표적이나 증거나 표징들 없이 예수님을 신뢰함으로 말미암아 나는 결과와 열매는 무엇인가요?

첫째, 그 사람의 영혼 안에 그런 믿음이 있다는 것 자체가 바로 그 사람 속에 이미 구원으로 인한 변화가 일어났다는 증거입니다.
그것은 그 사람이 예수님께 순종하기 위해 나온 것과 그 사람의 교만한 의지가 그렇게 오랫동안 거부하며 대항했던 일에 순종함을 보여 줄 것입니다. 본성적으로는 누구나 단순하게 그리스도를 믿는 것을 받지 않고 발로 차 버립니다. 그런데 결국 그 사람이 하나님의 자비 방식에 무릎을 꿇었다는 것은 실제로 자기 의지를 꺾고 항복했다는 것이고, 하나님을 대항하는 반역 행위가 끝나고 하나님과의 화평히 구축되었다는 것입니다. 믿음은 무조건적으로 항복하여 하나님과의 쟁투가 종식되었음을 보여 주는 증거입니다.
어떤 의미로 보면 믿음은 전혀 일이 아닙니다. 그런데 다른 의미로 보면 믿음은 모든 일 가운데서 가장 웅대한 일입니다. 믿음의 일 안에서 하나님과 여러분이 서로 논쟁하고 있는 셈입니다. 여러분은 자신 안에 있는 어떤 것으로 구원받고 싶습니다. 그러나 하나님은 "그리스도를 믿으면 내가 너를 구원할 것이라"라고 말씀하십니다.
만일 여러분이 있는 모습 그대로 그리스도를 믿으면, 그것은 여러분이 하나님께 순종하게 되었음을 보여 주는 분명한 증거입니다. 그 순종은 여러분의 성품 깊은 자리에서 근본적으로 새롭게 되는 온전한 일이 일어났음을 보여 줄 정도의 순종입니다.

　그리고 그 믿음은 여러분이 겸손해졌음을 보여 주는 증거도 됩니다. 왜냐하면, 사람들은 교만하여 무엇인가를 행함으로 자신을 구원하고자 하되, 놀라운 방식으로 구원받은 것을 다른 이들에게 떠벌리고 자랑하고 싶어 하기 때문입니다.

　그런데 자기에게는 아무것도 없는 가난뱅이 같은 죄인임을 알고 진정 구원받고 싶다면, 여러분은 교만으로부터 이미 구원받았습니다. 그렇다고 제가 여러분에게 아첨하는 것은 아닙니다. 다만 여러분이 예수님을 믿으면, 그것이 여러분이 겸손함을 입증하는 것이고, 여러분의 심령에 변화가 일어났음을 보여 주는 좋은 증거가 될 것입니다.

　다시 말합니다. 예수님을 믿는 것이 여러분과 하나님 사이에 화해가 이루어진 최상의 증거입니다. 반면에 하나님을 대적하고 있음을 보여 주는 가장 극악한 증거는 하나님의 구원 방식을 좋아하지 않는 것입니다.

　죄인들이여!

　여러분이 그런 자세로 하나님과 전쟁을 벌이며 하나님의 방식대로 구원받지 못하고 반드시 지옥에 가게 될 것입니다. 그러니 불신앙적 교만이 바로 그것을 가져옵니다. 그러나 그 교만을 버리고 예수님을 믿을 때, 여러분 속에 위대한 변화를 보여 주는 증거가 반드시 보일 것입니다.

　이제 여러분 사이에 전쟁이 없습니다. 왜냐하면, 여러분은 그리스도를 믿는 일에 있어서 한마음이기 때문입니다. 하나님이 그리스도인의 손에 자신의 영예를 맡기셨습니다. 그리하여 하나님과 여러분이 예수님을 공경하는 일에 일치하도록 하신 것입니다.

　여러분이 그리스도를 믿는 순간, 그 단순한 일이 위대한 변화가 하나님과 여러분의 관계에 대해 일어났음을 보여 주는 의심할 여지 없는 뚜렷한 증거가 되는 것입니다. 물론, 여러분이 하나님께 가진 정서에 있어도 그러함을 증거하는 것입니다.

자, 여기를 주목하세요. 여러분은 머지않아 자신이 구원받았다는 기쁨에 찬 의식을 가지게 될 것입니다. 구원받은 다음에도 한동안 자신에게 정말 그런 은혜로운 역사가 있었는지 의문을 가지는 경우가 많습니다. 그러나 때가 되면 그 복락이 그들에게 분명하게 밝혀집니다. 이 열 명의 나병 환자같이, 사람이 예수님을 믿고 그 믿음에 따라 행동할 때, 언제나 거기서 선한 것이 나오게 되어 있습니다. 그 열 명의 나병 환자를 보세요.

그들이 제사장에게 자기들의 몸을 보이러 가고 있었습니다. 물론, 그들이 처음에는 자기들이 나았다는 느낌을 아직 갖지 못했습니다. 그들은 그리스도의 권위를 입고 행동하고 있었습니다. 그리스도께서는 믿고 그렇게 행하는 그들을 바보로 만들지 않으셨습니다. 그와 같이 예수님을 신뢰하는 자들은 부끄러움이나 황당함을 당하지 않을 것입니다. 그들은 자기들의 병이 나았다는 느낌이 들기 전에 제사장에게로 나아가는 시작을 해야 했습니다.

여러분도 어떤 선한 일에 대한 의식이 전혀 없이 그냥 그리스도를 믿으면 머지않아 그리스도의 복된 능력이 여러분의 마음에 역사함을 느낄 것입니다.

내 사랑하는 친구여!

만일 그대가 예수님을 어두운 데서 믿으면, 어느 날 그대는 빛으로 들어갈 것입니다. 만일 위안을 누리지 못해도 여전히 그대는 안전할 것입니다. 만일 이곳과 하늘을 연결하는 노정의 정황 속에서 구원받았다는 의식을 갖지 못해도, 그리스도를 믿었다면 그대는 반드시 구원받을 것입니다. 왜냐하면, 그리스도께서는 자신을 믿는 믿음이 허사에 불과하게 허락하실 리 없기 때문입니다.

여러분이 예수님을 믿는다면, 머지않아 그리스도의 사랑을 알게 될 것입니다. 여러분이 물에 빠져 허우적거리는 것과 같은 상황에서 예수님을 믿으면, 여러분은 헤엄을 쳐서 위험을 벗어나게 되는 일과 같은 일이 일어날 것입니다. 여러분 스스로는 꼭 죽었다고 느끼는 중에도 그리스도를 믿으세요. 그러면 살 것입니다.

여러분이 자신에게 역사하는 은혜를 전혀 느끼지 못하는 상태에서도 그리스도를 믿으세요. 그러면 금방 자신이 알지 못하는 사이에도 한 역사(役事)가 있었음을 발견하게 될 것입니다.

여러분이 지금 주님을 믿으면, 이미 여러분은 신적 능력을 행사하는 주인공입니다. 왜냐하면, 하나님의 전능한 은혜가 아니고는 아무것도 여러분을 믿고 살게 하지 못할 것이기 때문입니다. 믿음의 상태와 행위는 단순 그 자체입니다. 다만 우리를 그 단순함으로 인도하기 위해 하나님이 친히 우리를 새롭게 지으셔야 합니다.

모두 종합하여 말씀드리면 이렇습니다. 어떤 이적이나 표적이나 증거 없이 그저 그리스도를 믿을 의향이 있다면, 그것은 여러분 안에 여러분의 생애를 끝까지 인도하여 거룩함에 끝내 이르게 할 능력을 갖추고 있다는 말입니다. 그것은 실로 그리스도를 믿음으로 말미암아 여러분의 삶 속에서 일어난 위대한 출발입니다. 정말 영광스러운 시작입니다.

성도다운 삶을 영위한 많은 이가 그렇게 주님만 믿는 믿음을 지켜 면류관을 쓰고 있습니다. 그러나 가련한 죄인 여러분도 그리스도 안에서 갓난아이에 불과하면서도 여전히 그들과 동일한 믿음을 행사할 수 있습니다.

장래에도 이런 양식의 믿음을 자주 상기해야 합니다. 그러므로 여러분이 시작할 때와 동일한 믿음을 견지하는 것이 좋습니다. 여러분은 가정이나 직장에서나 삶의 여러 시련에서 처음 시작할 때 가진 것과 같은 종류의 믿음을 가져야 할 조건으로 인도함을 받을 것입니다.

그래서 저는 여러분이 젊을 때 교훈을 배우게 하고 싶습니다. 여러분은 이렇게 말해야 합니다.

> 나는 연약과 궁핍 자체며 내 생활에 필요한 것이 어떤 식으로 공급될지 알지 못한다. 그러나 주께서 까마귀와 참새도 먹이시니 나도 먹이실 것이다. 그러므로 입을 옷과 먹을 양식을 위한 염려를 하나님께 맡기노라. 내 생명 자체도 다 하나님께 맡기노라. 하나님이 사망의 궁지에 이르지 않게 나를 보전하실 것이기 때문이다.

이것이 위대한 믿음입니다. 그 믿음으로 시작하세요. 그렇게 하지 않으면 반석 위에 집을 짓는 것이 아닙니다. 살아 있는 반석으로 시작하세요. 그렇지 않으면 다른 모든 것이 불안해집니다. 잘 시작하면 절반은 이긴 싸움입니다.

요동할 수 없는 기초를 가졌는지 점검하세요. 인생은 많은 시련을 겪고 있습니다. 그러니 기초가 흔들리는 사람에게 인생은 화가 되는 것입니다. 위대한 이 믿음으로 살기도 하고 죽기도 해야 합니다.

자, 가림 막이 내려지면 햇빛이 차단됩니다. 그리고 친구들의 소리도 잦아들기 시작합니다.

내 영혼아!

너는 이제 눈에 보이지 않는 세계로 항해를 시작하려 한다.

이제 무엇을 할 것인가?

그대 연약한 자여!

아버지 하나님의 품에 안기어라!

오, 제 설교를 듣고 계신 여러분!

만일 여러분이 처음부터 자신의 됨됨이에 의존한 것이 아니라 예수님이 누구신지 알고 예수님을 믿기 시작했다면, 죽을 줄도 알 것입니다. 죽음의 날에 하나님 앞에 회계(會計)하기 위해 설 것을 생각하며 자신을 바라보며 자기 과거의 삶을 살피면서 의존할 것을 찾으면, 두려움과 의심과 공포심이 몰려올 것입니다. 그러나 여러분이 다음과 같이 말할 수 있다면, 평안한 중에 마지막 숨을 내쉴 것입니다.

"내 구주시여 제 영혼을 당신 손에 맡기나이다. 제 발가벗은 영혼을 당신의 찔리신 손 안에 두나이다."

여러분이 믿은 그분이 누구인지 알며, 그분이 능히 여러분이 맡긴 모든 것을 그날까지 능히 지키실 줄 확신하게 될 터이니 말입니다.

저는 여러분이 열 명의 나병 환자가 행한 것같이 시작하시기 바랍니다. 그들은 그리스도의 말씀 권능을 믿고 자기들 속에 희망 어린 변화가 느껴지기 전에도 나아갔습니다. 여러분이 이런 방식으로 여러분이 죽을 때 영광을 찾고 기대할 수 있습니다. 아직은 찬란한 빛이 여러분을 변모시키지 않았을 때도 말입니다.

보이는 소망이 아닙니다. 보이지 않으시는 분을 보고 아직 보이지 않는 것들의 실상을 포착하는 믿음이 영광스럽습니다. 이 믿음의 힘으로 저는 이제 더 높은 하늘의 기쁨을 예기합니다. 여러분이 일단 은혜를 바라고 주님을 믿는 것같이 영광을 위해서도 주님을 믿으세요. 그러면 머지않아 주님의 가장 부요한 약속들이 확실함을 발견할 것입니다.

제6장

제목: 시련에 처한 신자들을 위한 달콤한 평안

■ 본문: 요한복음 16:33

■ 설교 요약

예수님을 온전하게 의뢰하고 소망을 그분에게서만 찾는 영혼은 사람이 얻을 수 있는 가장 달콤한 평안을 얻을 것이다. 그런 평안은 예수 그리스도의 섬김의 사역 때문에 성취되고, 하나님의 약속들도 오직 그분에 의해 성취된다.

■ 이 설교에서 기억할 만한 문구

"여러분 자신에게서 평안을 끌어낼 수 없음을 기억하세요."

"여러분의 갑옷의 번쩍임이 두려움으로 녹슬이 누추하게 되지 않도록 조심하십시오. 여러분의 주님이 이기셨으니 여러분도 이길 것입니다."

"오, 친구 여러분!
그리스도께서 충분하고 넉넉한 평안을 자기고 계십니다. 그분은 친히 한없는 평안의 깊은 우물이십니다. 그러므로 우리가 언제나 그분 안에서 평안을 찾을 이유를 이해하게 됩니다."

Spurgeon on Resting in the Promises of God

제6장
시련에 처한 신자들을 위한
달콤한 평안

> 이것을 너희에게 이르는 것은
> 너희로 내 안에서 평안을 누리게 하려 함이라
> 세상에서는 너희가 환난을 당하나 담대하라
> 내가 세상을 이기었노라(요 16:33).

   이 유쾌한 본문은 아버지 집에 가시기 전 예수님이 행하신 마지막 설교의 끝에 있습니다.

   이제 우리는 우리 주님의 그 말씀을 보배롭게 여깁시다. 사람의 마지막 말을 높이듯이 말입니다. 우리 주님의 이 마지막 설교는 정말 놀랍습니다. 주님의 이 설교는 주님의 마지막 기도와 함께 놀라운 하나의 작품입니다. 그 설교는 사람들의 다른 모든 변론을 능가합니다.

   이 작별 강화의 말씀은 성경 전체에서 아주 짧은 공간을 차지하고 있다고 여길 수 있습니다. 그러나 이 강화의 말씀이 시사(示唆)하는 생각들이 너무 많아 그것들에 관해 책들을 제대로 쓸 수 있다면 세상도 그 책들 모두를 두기에 모자랄 지경이라는 생각이 제게 듭니다.
    우리 주님은 단 한순간에 그 강화의 말씀들 몇 문장을 말씀하셨습니다. 그러나 우리가 그 문장들의 의미를 제대로 이해하려면 평생이 걸릴 것입니다. 우리가 이 세상의 안개와 구름을 넘어 구름이 전혀 없는 하늘의 더 맑은 분위기로 올라가기 전에는 이 설교가 가진 은혜의 부요함을 다 아는 일은 결코 없을 것입니다. 그렇지만 우리 잠시 우리 마음과 생각을 모아 가장 위대한 설교자의 마지막 강화 말씀에 집중해 봅시다.
    우리 하나님의 성령께서 그 말씀을 열어 우리를 깨우치소서!
    우리 주 예수 그리스도의 설교에 관해 생각하되, 그 설교가 얼마나 실제적인지를 관찰해 봅시다. 웅변가들이 흔히 '효과'라고 칭하는 것을 위해 우리 구주께서 단 한 문장도 말씀하신 경우를 여러분은 발견한 적이 없을 것입니다.
    예수님은 자신이 얼마나 시적(詩的) 마음을 가졌는지 보여 줄 양으로 여기저기 예쁜 단구(單句)를 쓰신 적이 한 번도 없었습니다. 주제를 드러내는 데 불필요한 것을 도입하려고 약간 곁길로 새는 일도 결코 없으십니다. 자기를 추구하는 참으로 작은 생각이 예수님의 말씀을 지배한 적이 없었습니다. 그래서 주님은 말씀을 마치는 마지막 부분에서 이제 말씀하신 것을 요약하시는 데도 동일한 자세를 취하셨습니다. 우리는 부지런히 공부하여 구주의 강화의 말씀의 실제적인 추진력을 발견할 수는 있습니다.
    그러나 주님이 의도하신 바는 우리가 주님 목표하신 것이 무엇인지를 알 수 있게 하는 것만이 아니었습니다. 우리가 그것을 실제로 볼 것을 확신하게 하실 의도를 가지셨습니다. 그래서 가장 선명한 어조로 이렇게 표현하신 것입니다.

이것을 너희에게 이르는 것은 너희로 내 안에서 평안을 누리게 하려 함이라 세상에서는 너희가 환난을 당하나 담대하라 내가 세상을 이기었노라 (요 16:33).

우리는 구주 예수님의 섬김의 이 결론을 크게 높여 찬미합시다. 우리 주님이 시작하신 대로 이루셨습니다. 그분은 우리의 평안이십니다. 그 평안을 이루려고 오셨고, 그분이 떠나신 후에도 그 평안이 우리에게 남아 있게 하셨습니다.

1. 믿는 자가 그리스도 안에서 가지는 평안

예수님 안에 항상 평안이 있었다는 것을 조심스럽게 숙고할 가치가 있습니다. 주님은 평안을 가지고 있었습니다. 만일 주님이 친히 평안하지 않으셨다면, 우리가 그분 안에서 평안을 가지게 하실 수 없었을 것입니다. 우리 주님의 생애를 복음서에서 읽고 그분이 가지신 유쾌한 성품 중에 어느 하나라도 깊이 숙고해 보십시오. 그러면 여러분은 그분이 완전하심을 발견할 것입니다.

그러나 만일 그분의 성품을 유심히 살피되, 사람들이 그분을 대항해 격동시키고 소란케 할 때도 그분은 그렇게나 담대하시고 침착하시고 잠잠하심을 주목해 보십시오. 그러면 그분이 평안 예술의 달인(達人)이심을 발견할 것입니다.

사람들이 그분에게 행한 일보다 더 그분을 불안케 할 수 없었어도 그분처럼 요동치 않은 이가 없습니다. 그분이 하겠다고 결심하셨으면 그 결심을 포기하고 비켜나게 할 자가 없었습니다. 그분은 부싯돌 같은 얼굴로 하실 일을 진행해 나가셨습니다. 그분의 심령은 변화무쌍한 세상에 속한 것이 아니었습니다. 사람들이 그분을 대적할 수도 있었습니다.

그러나 그분을 대항해 죄인들이 거역했어도 놀랍게 오래 참으셨습니다. 어리석으면서 열심인 제자들이 그분에게 좌지우지 자기들의 영향력을 행사했을 때에도, 그 제자들의 말을 듣고 이럴까 저럴까 망설이신 적이 없었습니다.

그리스도의 생애는 어디나 계시는 아버지 하나님의 임재 의식을 배경으로 하고 있습니다. 우리가 그분을 어떤 처지에서 만나더라도, 그분은 다음 본문을 설명하고 계심을 발견할 것입니다.

> 보라 너희가 다 각각 제 곳으로 흩어지고 나를 혼자 둘 때가 오나니 벌써 왔도다 그러나 내가 혼자 있는 것이 아니라 아버지께서 나와 함께 계시느니라 (요 16:32).

자, 그분이 아버지 하나님의 임재를 느끼셨다는 사실이 깨어질 수 없는 평안에 충만하신 그분을 이해하게 합니다. 겟세마네의 고뇌마저도 그 평안을 깨지 못했습니다. 그 영혼이 심히 민망하여 죽게 될 지경이었음에도 그분은 아버지께서 어디 계신지를 아시고 아버지를 꼭 붙잡으셨습니다.

그분은 열두 사단(師團) 넘는 하늘의 큰 군대가 그분을 돕겠다는 전갈보다 아버지의 입에서 나오는 한마디의 말씀이 자신의 구출에 더 큰 것을 가져온다는 것을 아셨습니다. 사람의 죄가 자기 위에 올려질 때도 그분은 그런 자세로 하나님이 자신을 여전히 총애하신다는 생각으로 가득 차 계셨습니다.

오, 친구 여러분!

그리스도께서 충분하고 넉넉한 평안을 자기고 계십니다.

그분은 친히 한없는 평안의 깊은 우물이십니다. 그러므로 우리가 언제나 그분 안에서 평안을 찾을 이유를 이해하게 됩니다.

우리는 그분이 얼마나 마음의 안식을 누리고 계시기에 우리도 안식을 누립니다. 구주께서 스스로 평안하신 것같이, 그분의 모든 제자도 평안을 누리게 하시려는 강력한 소원을 두고 계셨습니다. 우리 주 예수 그리스도께서는 자기 백성들이 견고하며 잠잠히 행복해하는 것을 보고 싶어 하십니다.

헛되고 격동시키는 악이 드러나는 것 자체가 하나님의 은혜를 크게 드러내는 것으로 생각하는 이들이 우리 주위에 많습니다. 그렇다 할지라도 저는 우리 주님이 제자들이 마음의 균형을 잃고 흥분하는 것 보는 것을 좋아하신다고 생각하지 않습니다. 조용하신 예수님을 믿는 종교가 우리를 그 광기의 흥분 상태로 몰고 갈 의도로 주어진 것이 결코 아닙니다.

그리스도의 성령께서는 갈까마귀나 독수리가 아니고 비둘기이십니다. 성령님의 거룩한 감화는 힘이 있으니 조용합니다. 연약하면 급해지고 과격해지고 소리를 치게 됩니다. 그렇게 할 수밖에 없게 됩니다. 능력을 갖춘 자는 그 자신을 지키며 고요하게 자기의 목적을 이루어 갑니다.

반면에 우리는 예수님께서 제자들이 침체에 빠지는 것을 원하지 않으심을 확신합니다. 어떤 사람들은 경건의 색깔이 충충한 잿빛이나 슬픔이 가득한 표정의 색깔이라고 여깁니다. 그러나 그렇지 않습니다. 성도들은 흰 세마포를 입고 서 있는데, 그것은 정결함만 아니라 즐거움을 상징합니다.

구주께서는 자신의 제자들이 세상을 지날 때 슬픔의 음울한 모습으로 앞으로 올 심판에 대한 두려움에 사로잡히기를 원하지 않으십니다. 또 그들이 자기들을 둘러싸고 악들로 인해 모든 기쁨을 억누르기를 절대 원하시지 않습니다.

믿음의 친구들이여!

결코 아닙니다. 예수님은 우리가 그분 안에서 행복해지되, 주님과 같은 고요한 평화로움으로 행복하게 되기를 원하십니다.

우리는 능력을 의식함으로 솟아 나오는 거룩하고 고요한 심정으로 하나님과 동행합시다. 우리는 하나님이 우리를 위해 예비하신 바가 무한하여 어느 위기의 순간에도 그 예비하신 것으로 우리를 건지실 수 있음을 아는 지식으로 그런 마음의 고요함을 누립시다.

오, 우리 그리스도께 그 평안의 예술을 배울 수 있기만 하다면 얼마나 좋겠습니까!

그러니 우리 마음의 기복이 너무 심하여 금방 고양되었다가 신속하게 침체합니다. 오늘은 우리 마음이 가득 차서 기뻐하다가 내일이 되면 불필요하게 침체가 됩니다. 그러니 우리는 바다의 파도같이 요동하지 말고 하늘의 별같이 확정되어 있어야 합니다.

그러나 이제 다시 제자들로 평안하게 하려고 본문에 기록된 말씀을 그들에게 하신 것을 주목합시다.

> 이것을 너희에게 이르는 것은 너희로 내 안에서 평안을 누리게 하려 함이
> 라 세상에서는 너희가 환난을 당하나 담대하라 내가 세상을 이기었노라
> (요 16:33).

요한복음 15장을 여러 번 읽고 주님이 제자들로 평안을 누리게 하시려고 말씀하신 바가 무엇인지 부지런히 살피면 좋을 것입니다. 요한복음 15장을 살펴보면서 성경 전체를 살펴보세요. 성경의 위대한 목적이 여러분이 평안을 가지게 하는 데 있습니다. 그러나 특별하게 우리는 요한복음 16장의 이 본문을 집중적으로 주목해 보기로 합니다.

그러면 주님이 제자들이 평안을 가지게 하시려고 무어라 하셨습니까?

그 한 가지는 그들이 겪게 될 시련을 미리 말씀하셨다는 것입니다. 거기서 여러분은 여러분이 평안을 얻는 한 가지 방식을 배우게 됩니다. 평안을 얻게 하는 한 가지 길은 예수님의 말씀에 따라 시련이 여러분에게 약속되었다는 사실을 깊이 숙고하는 것입니다.

여러분이 반드시 인내로 감당해야 할 것은 경건하지 않은 세상의 박해와 악독임을 미리 말씀하셨는데, 그것을 숙고하십시오. 그 현실은 여러분이 여자의 후손에게 속했기에 반드시 여러분의 것으로 옵니다. 여자의 후손의 발굽치가 상함을 입어야 했습니다.

물론 그런 것들이 여러분이 감당할 만큼만 주어집니다. 바로 그 현실을 깊이 숙고하십시오. 그렇게 하면, 한 세대에서 나그네로 있는 동안에 여러분이 각오한 푸대접을 받으면서도 마음의 평안을 유지하는 데 큰 도움이 될 것입니다.

주님이 그들을 위로하기 위해 행하신 다음의 일은 왜 주님이 떠나가셔야 하는지 그 이유를 그들에게 알려 주신 일입니다. 여러분이 큰 시련을 만났을 때 그 시련이 무엇 때문에 주어진 것인지를 알면 큰 복이 되는 경우가 있습니다. 구주께서 떠나가시는 것은 그들을 위해 그것이 유익하기 때문이었습니다.

여러분이 믿음으로 그런 저런 근심이 여러분에게 밀려오는 것을 여러분의 유익을 위한 것임을 믿음으로 알면 그것이 시련의 때에 찌르는 아픔을 완화하지 않던가요?

여러분이 두려워하는 것이나 바라는 모든 경우를 초월하여 여러분에게 항상 선하신 하나님께서 여러분이 영원한 안식에 들어가게 여러분을 거는 걸쇠가 생길 때까지 환난이 머물게 의도하십니다. 그러니 구주께서 왜 그들을 떠나가셔야 하는지 그 이유를 말씀하시면서, 그들로 겸손하게 하시어 그 마음에 평안을 가지게 하는 정보를 주신 것입니다.

또한, 여러분에게 시련을 보내시는 이유가 무엇인지를 여러분으로 알게 하십니다. 그 시련이 여러분이 영구한 유익을 얻게 하심을 알게 하신 것입니다. 더 나아가 구주께서는 그들에게 평안을 주시기 위해 계속하여 보혜사 성령님과 그 하실 일에 관해 말씀하셨습니다.

사랑하는 여러분!

만일 여러분이 평안을 원하시면 신적 보혜사이신 성령님을 많이 생각하세요. 여러분이 혼자 버려진 것이 아닙니다. 정말 극심한 고통을 당하는 마음을 격려하는 방식을 아시는 성령님의 가장 섬세한 동정심의 대상이 여러분이니 혼자 버려진 것이 아닙니다.

여러분의 다른 모든 친구보다 더 능하신 친구가 여러분과 함께하시고 여러분이 당하는 은밀한 슬픔 속으로 들어오셔서 신적인 유력한 위로를 여러분에게 끼치십니다. 그러니 우리가 보혜사 성령님을 더 깊은 사랑과 경외심으로 높이 찬미합시다.

그다음에 구주께서는 그들에게 기도의 권능을 말씀하셨습니다.

> 내가 진실로 진실로 너희에게 이르노니 너희가 무엇이든지 아버지께 구하는 것을 내 이름으로 주시리라(요 16:23).

> 너희가 내 안에 거하고 내 말이 너희 안에 거하면 무엇이든지 원하는 대로 구하라 그리하면 이루리라(요 15:7).

평안을 말씀하시는 주님의 입김만으로도 그 기도가 하늘에서 응답될 것임을 기억하는 자의 마음을 얼마나 시원하게 하는지요!

오, 시은좌(施恩座)로부터 임하는 평안이여!

오직 기도하시고 또 기도하세요. 그러면 여러분이 처한 상황을 능히 대처할 것입니다.

여러분의 구주처럼 여러분도 바다 파도 위를 걸을 수 있습니다. 여러분이 구주의 이름으로 바다를 향해 잔잔하라 명할 권능을 갖게 되면 말입니다. 구주께서 여러분이 믿음으로 기도함으로 그분께 가까이 나아가면 그분이 여러분에게 권능을 주실 것입니다.

이 말을 듣고도 충분하지 못하다는 생각이 들거든, 우리 자비하신 주님이 한마디의 말씀만 하셔도 그 말씀은 우리 모두의 마음에 평안을 끼칠 것이 분명함을 생각하세요.

"아버지께서 친히 너희를 사랑하신다."

하나님 아버지의 사랑은 평안의 보고(寶庫)입니다. 아버지께서 친히 여러분을 사랑하십니다. 하나님이 자기 백성을 사랑하시어 구속(救贖)하게 하셨습니다. 그리스도께서는 하나님 사랑의 원인이 아니시고 하나님 사랑의 가장 달콤한 최상의 열매이십니다. 그러므로 용기를 내세요. 여러분의 평안함이 강같이 넘치게 하세요.

사랑하시는 믿음의 친구들이여!

주님이 그분을 믿는 제자들의 믿음을 확증하셨습니다.

주님이 그들에게 그렇게 말씀하시니 제자들도 그렇게 아뢰었습니다.

> 우리가 지금에야 주께서 모든 것을 아시고 또 사람의 물음을 기다리시지 않는 줄 아나이다 이로써 하나님에게서 나오심을 우리가 믿사옵나이다 (요 16:30).

이것이 바로 평안을 얻는 길입니다. 평안은 믿음의 길로 옵니다. 우리 믿음을 흔들 참으로 저작된 책들을 숙고하느라 시간을 쓰면 그것은 정말 나쁘게 쓰는 것입니다. 그것은 마치 병이 나게 할 음식을 먹는 것과 같습니다. 그들은 기존의 영어 역본에서 그 대목을 찾지 못하면 즉시로 자기들이 보배롭게 여기는 난해 구절을 찾기 위해 새 번역으로 나아갑니다.

그것을 무엇에 비유할까요?

크리스마스 때 먹는 푸딩(pudding) 속에 우리 치아를 상하게 할 자두 씨 알갱이나 딱딱한 설탕 덩어리가 발견되지 않아서 먹지 않겠다고 하는 것과 같이 미련한 짓입니다. 어떤 이들이 자기들로 믿지 못하게 할 것을 발견할 목적으로 성경을 읽는 이들이 있습니다. 그들은 의심을 부추겨 키웁니다. 지혜로운 사람은 그런 의심케 하는 것들을 잡초로 여기고 모아서 태워 버리는데도 말입니다. 주님은 이 세상에는 수고하지 않고도 쉽게 만나기에 족한 슬픔이 있음을 아십니다.

믿으면 평안을 얻습니다. 믿으면 확신하게 됩니다. 그러면 평안함이 강같이 흐르게 됩니다. 내 의는 바다의 물결같이 정함이 없습니다. 그래서 어린아이같이 예수님의 발아래 앉아서 그분의 말씀을 받는 것, 바로 그것이 평안의 길입니다. 쓸모없는 비판의 말들이 쌓여 가시덤불과 찔레같이 될 수 있어 몸을 상하게 하고 심령을 부숩니다.

주님이 그들로 믿게 하시려고 그런 말씀을 하신 것입니다. 주님은 시련을 이기게 하는 것은 의심이 아니라 믿음임을 익히 아시기 때문입니다. 의문을 갖지 말고 믿는 것이 임금님께 이르는 대로입니다.

우리 구주께서 우리로 평안을 누리게 하시려는 간절한 열망이 "내 안에서"라는 두 단어 속에 담겨 있습니다.

> 이것을 너희에게 이르는 것은 너희로 내 안에서 평안을 누리게 하려 함이라(요 16:33).

여러분 자신에게서 평안을 끌어낼 수 없음을 기억하세요. 오랫동안 똥 무더기 속에서 보석을 찾으려고 뒤져 보았자 무엇을 얻겠습니까. 우리 주님은 외적 규례나 종교적인 여러 행사 속에서 평안을 찾을 것을 지시하지 않으셨습니다.

성경 한 장을 읽거나 예배에 한 번 참석하거나 성찬식에 한 번 참석해도 매우 평온한 느낌이 들 수 있음은 의심할 여지 없습니다. 그러나 우리 주님은 그러한 것들 자체가 우리로 평안을 누리게 한다고 말씀하지 않으셨습니다. 이런 것들이 평안을 얻게 하는 방편일 수는 있습니다. 그러나 참된 평안은 항상 주님 자신의 복된 인격 안에 있습니다.

가장 깊고 부단하고 최고의 강도(強度)를 지닌 평안은 오직 예수님 안에서만 발견됩니다. 그 평안은 전천후로, 전 계절적으로 모든 난관 속에서도 누리는 평안입니다. 그리고 영원한 평안입니다. 이 평안의 모든 것이 바로 그분 안에만 있습니다. 그분 안에서 우리는 모든 것이 사랑과 위안으로만 가득한 집 안에서 평안을 누립니다.

우리는 이 고요한 안식의 거룩한 중심에서 벗어나 방황하지 맙시다. 예수님이 평안입니다. 친히 하나님의 아들이신 그분이 우리로 안식하게 하실 것입니다. 우리는 모든 경우에서 그분께 나아갑시다. 그리고 영구히 그분 안에 거합시다.

2. 세상에서는 너희 믿는 자가 환난을 당하나

여러분이 어떤 종류의 고통도 당하지 않게 차단막으로 가림을 받는다고 생각하지 말아야 합니다. 여러분이 그리스도 안에 있고, 구주 그리스도께서 여러분의 죄에서 여러분을 구원하십니다. 그러나 여러분이 아무 슬픔도 당하지 않을 것이라고 약속하신 적이 없습니다. 궁핍이나 질병이나 애를 쓰는 고통 등 인간이면 누구나 걸리는 병에서 여러분을 지켜 주실 것이라고 약속하지도 않으셨습니다.

주님이 가장 사랑하시던 제자 중에 몇은 은밀한 연단의 고통이나 슬픔이나 궁핍을 겪으면서 심령의 부요함과 만족을 누리게도 하셨습니다.

주님이 여러분에게 주시는 각종 보화 중에는 십자가도 들어 있습니다. 십자가는 여러분의 집에 있는 가구 중에서 최상의 것입니다. 물론, 여러분 자신은 때로 그런 십자가가 없기를 바라지만 말입니다. 그러나 십자가는 늘 여러분을 유익하게 할 것입니다.

하나님이 섭리적으로 여러분에게 허락하신 여러 위안 중에 어떤 것들은 여러분의 죄성과 연약함 때문에 여러분에게 그런 좋은 효과를 산출할지는 의문스러울 것입니다. 그러나 주님이 여러분에게 정해 주신 십자가는 반드시 여러분에게 선을 도모할 것입니다. 그 나무는 쓴 나무나 건강에 좋은 약이 될 것이 분명합니다.

하나님의 자녀인 여러분!

바로 그 십자가 나무를 취해 심어 자라게 하십시오. 그러면 그 나무의 열매는 달콤할 것입니다.

우리는 경건하지 않은 이들이 우리를 칭찬할 것이라는 약속을 받은 적이 없습니다. '세상에서는'(단순하게 현세의 상태에서가 아니라 경건하지 않은 세상에서는)

우리가 환난을 겪을 것입니다. 세상을 사랑하는 이들이 여러분에게 몰려와 여러분의 하는 일을 감탄하거나 여러분의 경건을 도울 것이란 생각은 하지 마세요. 만일 세상 사람들이 그렇게 한다면, 세상이 변했거나 아니면 그들이 여러분에게 실수한 것입니다.

　세상 사람들은 자기들에게 이익을 주는 것 같은 사람을 크게 높일 수 있습니다. 그러나 그리스도인으로서의 여러분을 사랑하지는 않습니다. 그런 일은 불가능합니다. 뱀의 후손과 여자의 후손 사이는 항상 서로 대적 관계입니다. 그 점에 대해 여러분이 더 잘 이해하면 좋습니다. 뱀은 결코 그 성품을 바꾼 적이 없기 때문입니다.

　마귀는 번쩍이는 모습을 보이면서 여러분에게 간교하게 아첨을 떨 것입니다. 어머니 하와에게 한 것같이 말입니다. 아마 뱀은 여러분을 어찌나 사랑하던지 다 말로 표현할 수 없다 할 것입니다. 다만 여러분이 자신에게 너무 비우호적이고 자신을 의심하니 자기의 진심을 보일 수가 전혀 없었다고 아첨할 것입니다.

　여러분 차례가 되어 기회를 얻으면, 그의 이마를 치십시오. 왜냐하면, 뱀이 여러분에게 결코 선을 행하지 않을 것이기 때문입니다. 세상에 있는 모든 귀신 중에서 고함을 지르는 귀신도 미우나, 해롱거리며 아첨을 떠는 귀신은 더 밉습니다. 세상이 여러분을 사랑하는 체하거든, 이전보다 여러분을 더 미워하고 있음을 알고, 여러분을 빠뜨려 포획하려고 쳐 놓은 함정을 조심해야 합니다.

　본문 말씀은 세상에서 여러분이 자주 환난을 당하게 될 것을 암시하는 우회적 방식으로 그 점을 표현했습니다. 물론, 여러분이 항상 화난 가운데만 있는 것은 아닐 것입니다. 그러나 언제라도 환난이 올 수 있음 대비하는 것이 좋습니다.

우리도 번영을 누리기도 합니다. 어떤 그리스도인들은 그것을 많이 누리고 있습니다. 어떤 여성이 한 번은 제게 와서 자기가 환난을 주십사고 하나님께 기도했다고 말했습니다. 그래서 제가 대답했습니다.

"사랑하는 영혼이여!

참 어리석게 하셨네요. 그러지 마세요. 그런 것은 구하지 않아도 그대가 충분히 고통을 당하게 될 것입니다."

우리가 의무적으로 환난을 당해야 하는 것은 아닙니다. 하나님이 우리를 아끼시어 환난을 면하게 하시면, 하나님께 감사하세요. 그러나 하나님이 우리에게 환난을 허락하시더라도 또 동등하게 하나님께 감사하세요.

다시 강조합니다. 여러분이 세상에서 분명하게 환난을 당하게 될 것입니다.

다른 사람이 환난을 당하고 있는 것을 보거든 여러분도 환난을 당하게 될 것을 아세요. 여러분이 아는 이들 중에서 환난을 당하는 이가 없다 하더라도 여러분은 환난을 당할 것입니다. 아마 여러분이 전혀 예측하지 못했던 곳에서 환난을 만나게 될 것입니다. 이 말을 들으면, "아니 지금 내가 당하고 있는 십자가 말고 다른 어느 십자가도 또 있다고요"라고 울부짖을 것입니다.

분명하게 말씀드리면, 여러분이 지금 지고 있는 십자가가 골라서 당하고 있는 것이라면 십자가라고 할 수 없을 것입니다. 십자가의 진수는 우리가 좋아하는 것을 정면으로 충돌하는 데 있기 때문입니다. 십자가는 육신이 싫어 움츠하는 것입니다. 십자가는 현재의 즐거움을 위하지 않고 쓰라린 아픔을 줍니다. 그래서 우리 주님은 "세상에서 너희가 환난을 당할 것이라" 하신 것입니다.

얼마나 많은 그리스도인이 "나는 아직 환난을 당해 보지 않았다"고 말할 수 있을는지 저는 모르겠습니다. 그러나 우리 중 거의 모든 이가 우리 주님의 예언이 너무나 풍성하게 입증되었다고 말하고 싶을 거라고 저는 생각합니다. 세상일들의 성격상 반드시 그럴 것이 아닙니까. 아담이 자기 상전이신 하나님의 명을 어긴 이래 이 세상은 슬픔의 장소가 되어 오지 않았습니까. 어떤 그리스도인에게 세상이 환난과 고뇌의 장소가 아니겠습니까. 세상이 악한 자 안에 있으니 말입니다.

그리스도인은 세상에 속하지 않았습니다. 우리 주 그리스도께서 세상에 속하지 않으신 것같이 말입니다. 그리스도인은 세상에서 낯선 외인입니다. 그리고 순례자입니다.

그러니 세상에 머무는 동안 집에 있는 것 같은 안위를 기대할 수 있겠습니까?

그리스도인의 영적 본질과 세상은 맞지 않습니다. 세상에는 그리스도인을 도울 것이 없습니다. 세상은 은혜를 대적하는 원수이지 친구가 아닙니다. 그래서 은혜의 사람은 반드시 환난을 당하게 되어 있습니다.

그리스도인이 자기의 주님을 닮고자 하면, 반드시 환난을 당할 것입니다. 주님의 백성답게 살려면 그리스도인은 반드시 환난을 당하게 되어 있습니다. 왜냐하면, 주님의 백성들 행렬에 속한 자들은 다 십자가를 지고 있기 때문입니다. 여러분이 믿는 어떤 분의 삶 전체를 살펴보면, 그 법칙에 예외가 없음을 발견할 것입니다. 물론, 한동안 은총을 입은 이들이 하나님 섭리의 좋은 날들을 지나는 적도 있기는 하나 그 법칙에는 예외가 없습니다.

형제들이여!

우리가 세상에서 환난을 당하면서도 여전히 세상을 너무 좋아하는 성향을 가지고 있습니다. 우리가 항상 세상의 꽃들을 한 움큼 따 가지려고 노력하고 있습니다.

세상의 장미에 가시만 없다면, 그 장미꽃 더미 속에 우리 자신을 파묻고 싶습니다!

독수리가 자기 새끼들에게 하듯이 우리 주님이 우리 둥지를 흔들어 대지 않으시면 둥지를 박차고 나르는 법을 배우지 않을 것입니다.

그래서 우리가 이 세상에서 영원히 머물러 있기 바라면서, "아, 이곳이 내 집이다"라고 말하고 싶어 합니다. 불친절한 세상이 우리를 외인 대하듯이 하여서 할 수 없이, "우리가 여기서는 타향살이로구나" 하고 느끼게 하지 않으면, 그렇게 말하며 세상에서 안주하고 싶을 것입니다.

우리가 여기에 안주하여 사는 것이 아니라 곧 떠나 저 높은 더 좋은 나라, 우리 삶을 훨씬 더 좋게 펼칠 수 있는 곳으로 떠나야 하는 경우와 같으니, 우리가 세상에서 환난을 당하는 것이 마땅한 것입니다. 그래야 우리 생각과 마음의 소원을 돌려 우리의 오직 유일한 거처인 우리 하나님의 도성을 향할 수 있습니다.

3. 세상에 사는 동안도 그리스도 안에 있는 신자들

저는 간단하게 다음의 요점을 설명하고자 합니다. 우리가 그리스도 안에 거하면, 세상에 있는 동안에도 세상을 이길 것입니다. 본문에 있는 우리 주 예수님의 말씀을 특별하게 주목하세요.

담대하라 내가 세상을 이기었노라(요16:33c).

우리 주님이 세상에 계실 적에 그렇게 세상을 이기셨습니다.

그리스도께서 그렇게 말씀하실 때 어디 계셨는지 아십니까?

그분은 그 말씀을 하시고 오래지 않아 겟세마네 동산을 나아가십니다. 말하자면, 골고다 십자가에 못 박히시어 죽으셔야 할 순간이 다가왔을 때 그 말씀을 하신 것입니다. 그때 아직 그분은 채찍을 맞지 않으셨고 십자가를 지시지 않으셨습니다. 그러나 저는 감히 그리스도 우리 주님의 어깨에 손을 얹고 이렇게 말씀드릴 엄두를 내지 못하겠습니다.

"선하신 주님!

주님은 실수하셨어요. 주님은 아직 다 이기신 것이 아니에요. 전투의 가장 극악한 부분이 주님께 아직 미치지 않았으니 말입니다."

우리 주님은 "내가 세상을 이기었노라"라고 말씀하시면서 실수하고 있지 않음을 아셨습니다.

오, 우리 주님은 담대하게 그 말씀을 하셨습니다!

실로 그분은 자신 안에 거하는 믿음으로 그렇게 담대하게 "내가 세상을 이기었노라"라고 말씀하신 것입니다. 그분은 믿음으로 내다보며 그리 말씀하셨습니다. 그분은 아버지 하나님이 자기와 함께하시기 때문에 자기가 세상을 이길 것을 당연한 일로 여기셨습니다.

그러나 그 시점까지 그리스도께서 세상을 이긴 것이 확실합니다. 세상이 부추기며 유인하는 것을 이기셨습니다. 그리고 세상이 예수님을 위협하며 공포심을 갖게 하는 것도 이기셨습니다. 세상의 악한 일들을 이기셨습니다. 예수님을 공격하는 세상의 모든 것이 다 참패로 끝났습니다.

우리 주님은 우리가 시험당하는 모든 시험을 다 당하셨으나 죄는 없으셨습니다. 예수님의 거룩함과 인내와 자기 희생을 시험하려 했던 모든 것을 이기셨습니다. 우리 주님은 그 모든 경우에 이기셨습니다.

자, 여기에 기쁨을 주는 생각 자료가 있습니다.

우리 주님이 "담대하라 내가 세상을 이기었노라"라고 하셨습니다.

그러나 어떤 식으로 담대하라는 것인가요?

그 담대함은 우리 주님이 여기서 말씀하신 것 속에서가 아니라 전에 말씀하셨던 사실 속에 있습니다. 그리스도께서는 우리와 하나이시고 우리는 그분과 하나입니다.

"내가 너희를 위해 세상을 이긴 것은 너희가 내 안에서 세상을 이기려 함이었다. 자, 이제 극악한 원수, 뱀을 이기는 싸움을 싸우라. 내가 이미 그 뱀의 머리를 상하게 했노라."

우리는 그리스도께서 이기셨다는 사실에서 우리가 이긴다는 확신을 끌어내야 합니다. 우리가 그리스도와 하나이기 때문입니다.

오, 형제자매들이여!

여러분은 사는 날 동안 내내 싸워야 합니다. 이 싸움에서 벗어나는 적이 없습니다. 여러분 앞에 버티고 서 있는 난관(難關)들의 견고한 벽을 뚫고 길을 내야 합니다.

둘러 가는 다른 길은 없습니다!

그러나 여러분은 그 일을 해낼 것입니다!

위대한 사령관이 작전개시 명령을 내립니다.

그런데 전투가 벌어지지 않게 하려면 그렇게 명령을 할 리가 있습니까?

그런 명령을 내려놓고 전투가 없기를 바란다면, 그 전쟁은 어떻게 되겠습니까?

전투가 전혀 없다면 그 사령관이 본국으로 보낼 승리의 보고서가 존재할 수 없습니다. 야전에서 자신을 드러내지 않는 대사령관은 존재하지 않습니다. 그처럼 우리는 하나님이 우리로 싸우러 보내신 모든 전투 현장이 다름 아닌 승기의 또 다른 기회로 여기십시오. 그리스도께서 우리와 함께하시니 또 다른 확실한 이김의 기회를 얻은 것입니다.

여러분의 갑옷의 번쩍임이 두려움으로 녹슬어 누추하게 되지 않도록 조심하십시오. 여러분의 주님이 이기셨으니 여러분도 이길 것입니다.

마지막으로 이 말씀을 부여하고 싶습니다. 이렇게 이의를 제기할 분들이 있을 수 있습니다.

"목사님, 여기 보세요. 이 그리스도인들은 아주 많은 고통거리를 가지고 있어요."

그게 사실입니다. 그러나 그들만 불쌍하게 여길 자들이 아닙니다.

악인들에게 많은 슬픔이 임할 것입니다.

그리스도 예수님 안에 있지 않은 이들도 이 세상에서 환난당할 것입니다. 게으름뱅이의 밭보다 가시와 엉겅퀴가 더 많이 난 곳이 없습니다. 악인들은 전갈이 찌르는 것 같은 특별한 슬픔이 있습니다. 특별하게 인생을 살며 늙어갈 때, 젊을 때 그들의 마음에 있던 불이 재로 변한 것을 발견할 것입니다.

죄인들이 자신의 악한 행실의 열매를 거둬야 할 때 화가 있을 것이로다!

그리스도 없이 인생의 전투 현장에서 싸우는 것은 확실한 패배를 안고 싸운 것입니다.

내내 슬픔의 생을 어렵게 마치고 나니 바로 더 큰 슬픔, 절대 끝나지 않을 더 큰 슬픔의 생을 살기 시작해야 함을 알게 될 때 그 비참을 무어라 표현해야 할까요?

사람이 지옥에서 다시 지옥으로 가야 한다는 것은 정말 끔찍한 일입니다.

이 세상을 지옥으로 만들고 나서 다음의 세계에서 또 다른 지옥으로 들어가야 한다니요!

그러나 50개의 지옥과 같은 난관들을 뚫고 난 다음에 하늘에 당도한다면 참으로 복된 일입니다. 궁핍과 질병과 박해를 무릅쓰고 싸우고 난 후 "네가 잘 하였도다"라는 주님의 말씀을 듣는다면 참으로 영광입니다.

정말 그런 자의 인생은 영화롭도다!

누가 그 영광에 대한 열망하고 있습니까?

하나님이 우리 각자를 도우셔서 그것을 바라고 수고하게 하시기를 바라오며, 그 거룩한 전쟁을 수행하며 끝까지 싸울 능력을 우리에게 주시기를 바라나이다!

제7장

제목 : 염려를 치료하는 한 방법

■ 본문 : 베드로전서 5:7

■ 설교 요약
염려는 그리스도인의 영혼을 갉아먹는 질병이다. 염려는 우리를 더 깊고 무서운 범법과 죄악으로 끌고 가는 큰 근심을 일으킨다. 그것을 치료하는 단순한 처방은 우리의 염려거리를 그리스도께 던져 버리는 것이다.

■ 이 설교에서 기억할 만한 문구
"성화를 염려하다가 칭의에 대한 확신을 무너뜨리는 일은 절대 하지 마십시오."
"이런 여러 근심 걱정거리가 우리로 죄짓고 마음의 평안을 잃어버리게 하는 것만이 아닙니다. 우리를 약하게 하여 쓸모없게 만들어 버립니다."

Spurgeon on Resting in the Promises of God

| 제7장
| 염려를 치료하는 한 방법

> 너희 염려를 다 주께 맡기라
> 이는 그가 너희를 돌보심이라(벧전 5:7).

성경의 어느 한 교훈이 신자의 의무들 전체를 포괄하는 일은 없습니다. 그러나 통상적으로 성경에서 여러 교훈을 지키려 할 때 순서가 있습니다. 마치 애굽의 파리미드 꼭대기에 오르는 여행객들이 계단을 따라 올라가듯이 말입니다. 여러분은 다음 명령을 수행하는 데로 올라가려면 먼저 지킬 의무를 확실하게 해야 합니다. 그래서 오늘 우리의 본문 말씀에 앞선 교훈을 주목하도록 합시다.

> 그러므로 하나님의 능하신 손아래에서 겸손하라 때가 되면 너희를 높이시리라(벧전 5:6).

제7장 염려를 치료하는 한 방법

사랑하는 교우 여러분!

여러분도 알고 있듯이 우리가 하나님께 던지지 말아야 하는 이기심과 육신의 염려가 있습니다. 그렇게 하면 하나님을 모독하는 것이 될 것입니다. 그런 일들에 하나님의 도우심을 요청하며 구한다면 우리 편에서 누추한 일을 행하는 셈일 것입니다.

탐심에서 난 것과 같은, 그리스도인들이 흔히 빠져들어 가는 많은 염려거리 앞에서 대번에 그런 생각이 떠오릅니다. 절대로 필요한 것 이상을 벌고 포착하려는 소욕이 있다면, 나를 도와 그 염려를 대신 져 주십사고 구하려 계속 무릎을 꿇을 수 없습니다.

또 야심에서 난 염려도 있습니다. 명예나 지위나 명성을 얻고 싶을 때 일어나는 염려가 그것입니다. 정말 그런 염려는 하나님이 보내시는 것이 전혀 아니기 때문입니다. 구도쇠같이 집에 집을 더하고 밭에 밭을 더해 갈 능력을 주십사고 하나님께 기도하느라 무릎을 계속 꿇고 있을 수 없습니다.

우리가 야심이 우리 마음에 들어와 좌정하게 내버려 둔다면, 그 야심을 가지고 하나님께 나아갈 수 없습니다. 그런 염려를 감히 하나님께 맡길 수 없습니다. 그런 일은 마치 우리 집을 청소하기 위해 집의 쓰레기를 위해 하나님의 성소의 제단에 올려놓은 것과 같습니다.

그러나 저는 단호하게 말씀드립니다. 만일 우리 영혼이 주님 앞에 겸비하기만 하면 하나의 염려거리도 우리로 초조하게 만들지 못할 것입니다.

또 우리가 스스로 만들어 내는 염려들도 있습니다. 장래를 내다보면서 여러 근심 걱정거리, 우리 머리로 만들어 내는 어리석은 두려움 같은 것이 있습니다. 그런 것들을 하나님이 맡아 달라고 구할 수 없습니다.

그러나 사랑하는 여러분!

'우리가 하나님의 능하신 손아래서 겸손하기만 하면' 그런 염려거리를 만들지 않아야 합니다. 하나님의 뜻에 우리 자신을 복종시키고 하나님의 영원한 목적에 자신을 맡기는 상태에서는 우리 영혼이 고요하고 안정된 상태를 유지할 것이고, 우리 영이 스스로 상상하는 천박한 것들로 공격당하는 일이 없을 것입니다.

여러분이 바로 앞에서 받은 하나님의 명을 순종하는 은혜를 받기만 한다면 얼마나 좋겠습니까. 그러면 어떤 제약 없이 본문 말씀대로 여러분에게 말할 수 있습니다.

너희 염려를 다 주께 맡기라 이는 그가 너희를 돌보심이라(벧전 5:7).

반복하여 말씀드립니다. 죄악적인 염려를 하나님께 맡길 수 없습니다. 여러분이 "하나님의 능하신 손아래에서 겸손하라"는 말씀에 복종하면 그런 황당한 염려거리들을 뿌리 뽑을 것입니다.

저는 이와 같은 부요한 본문 말씀을 근거로 여러분에게 말씀드리면서 기도하는 바입니다. 여러분 스스로 그 염려에서 벗어날 방도를 구하지 않고 성령께서 여러분을 그 염려에서 건져 주시기를 기도하는 바입니다. 왜냐하면, 저는 제 스스로 그 말씀에 순종할 능력이 없습니다. 제가 여러분이 그렇게 하게 할 능은 더더욱 없습니다.

하나님의 성령께서 설교자에게 역사하실 때 설교자도 하나님께 자기 염려를 던질 수 있습니다. 설교자는 성령께서 여러분을 능하게 하실 때만 그 말씀에 복종할 수 있을 것을 체험으로 확신합니다.

1. 염려의 질병

합법적 대상을 향해 염려할지라도 본문에서 언급된 염려는 그 자체로 죄의 성질을 가지고 있습니다. 잠시만이라도 하나님의 계명을 한 번만 어겨도 죄가 된다는 것을 생각하면 그 점이 분명해질 것입니다. 그러나 우리 주님은 그 교훈을 반복적으로 자주 말씀하셨습니다. 사도들도 되풀이했듯이, 염려하게 되면 반드시 죄를 범하게 된다는 사실을 무시할 수 없습니다.

걱정하여 염려의 성질 자체를 들여다보면, 우리가 하나님보다 더 지혜롭다고 상상하는 것이 자리하고 있습니다. 하나님이 하실 수 없거나 하시지 않는 일을 대신한다는 망상으로 자신을 신뢰하는 것이 염려의 진수입니다.

자, 이런 뻔뻔함과 주제넘음과 무례함이 염려 속에 들어 있으니, 염려는 죄의 성질을 내재하고 있습니다. 하나님보다 더 잘 알려고 하거나 일을 주장하시는 하나님의 손에 있는 고삐를 낚아채 하나님의 항해지도나 섭리의 구도를 고치거나 바꾸어 버리는 것입니다. 이 건방지기 짝이 없는 모습을 보고 안내자 성경이 그 침입자를 막아 세우며 대답하라고 요구합니다.

"너도 왕이신 창조주의 모사 중 하나냐?

어째서 네가 여기 있느냐?

왕께서 천지를 만드시고 구름을 균형 있게 띄우시고 하늘을 차일같이 치실 때 너와 상의하신 적이 없다.

그런데 감히 네가 왕께 완벽한 지혜를 제공하려고 하며, 전능하신 이에게 도움을 드리려 하다니 말이 되느냐?"

그러나 더 나아가 이런 걱정을 하며 염려하는 것이 다른 죄들로 이어지고 여러 범죄 행각들로 발전합니다. 장사하는 사람이 하나님을 믿지 못하게 되면 여러 꾀에 빠질 수 있습니다. 그래서 자신에게 도움을 주는 거룩하지 않은 손을 잡는 데까지 나아갈 수 있습니다. 전문가나 문학인이 하나님의 섭리에 대한 확고한 믿음이 없다면, 자기의 기술을 합법적이지 못하고 그릇된 목적에 활용할 수 있습니다.

각 사람은 다른 덫을 가지지 않더라도 염려를 한다면, 기도를 멈추고 하나님의 약속을 잊고 친구나 총명하다고 믿어지는 이에게 조언을 구하는 쪽으로 나아갑니다. 자, 이것이 샘 근원을 버리고 터진 웅덩이로 나아가 하나님의 노를 격발하는 불의에 빠지게 되는 것입니다.

염려가 하나님의 인도하심보다는 사람의 충고를 더 선호하는 죄에 불과하다 할지라도, 과도한 걱정은 혐오할 만큼 배척할 것입니다.

그러나 형제 여러분!

걱정하게 되면 마음에서 여러 많은 죄를 발생시킵니다. 우리가 하나님의 성령님을 근심케 하며 믿지 못하고 하고 싫어하게 하여 결국 성령님의 역사가 우리에게서 떠나게 하여 기도에 방해를 받고, 우리 행실의 본이 손상을 입게 되는 방식을 생각해 보세요. 그런 식으로 우리 하나님을 추구하기보다는 자신을 추구하게 하는 데 우리 자신을 드립니다. 이런 모든 일이 다 죄가 되는 것입니다.

하나님을 신뢰하지 못하는 것은 많은 비행을 산출하는 난자(卵子)와 같습니다. 이런 염려에 빠지게 되면 우리가 잘못하고 있다는 생각이 전혀 들지 않습니다. 그러나 염려에 빠지는 것 자체가 범죄요 다른 불의들로 우리를 유도하는 유혹자입니다. 왜냐하면, 염려가 가득한 사람은 어느 죄도 지을 수 있는 데까지 나아간 사람이기 때문입니다. 반면에 자기 염려를 하나님께 던진 사람은 안전하게 서 있습니다. 악한 자가 그 사람을 만지지도 못할 것입니다.

염려 그 자체가 죄요 죄의 어머니이니, 우리는 다시 걱정이 비참을 불러온다는 것을 주목해야 합니다. 근심 걱정이 있는 곳에 슬픔이 곧 따라올 것이기 때문입니다. 자기 심령을 땅에다 처박고 있는 사람은 자기만 생각하고 자기가 처한 환경만 바라보며 하나님과 그 약속의 말씀을 바라보지 않습니다. 여러분 중 어떤 이들이 매우 행복한 지위에서 삶을 이어 갈 수 있습니다.

그러나 사랑하는 형제들이여!

여러분이 원하는 대로 한다면 여러분을 비참하게 만들 수 있습니다.

또 다른 이들은 세상이 불행하다고 여기는 환경 속에서 살아가기도 합니다. 그러나 하나님이 그런 이들을 능하게 하시면 지극히 복될 수 있습니다. 가난이 필연적으로 슬픔을 수반하거나 부유함 자체가 평안함이나 행복을 수반하지 않습니다.

만일 여러분 중에 누가 비참해지고 싶거든 집을 떠나 멀리 갈 필요가 없습니다. 불만의 원인을 찾으려 멀리 여행할 필요가 전혀 없습니다. 풍부함으로 과식(過食)하다 가난뱅이가 될 수도 있습니다. 또는 평안과 안정 가운데 거할 수도 있습니다. 가장 부유한 번영을 소유하면서도 괴로울 수 있습니다.

우리가 매우 큰 범주까지 우리 자신을 활용할 수 있습니다. 하나님이 섭리의 주님이십니다. 은혜로 우리가 행복해질 수도 있고, 죄로 인해 격통(激痛)을 겪을 수도 있습니다. 하나님이 우리를 비참하게 하지는 않으십니다. 우리 고통의 원인은 우리 집 문 앞에 있는 것이지 하나님의 집 문 앞에 있지 않습니다.

저기 생기 찬 눈망울을 보이며 발에 등을 가지고 자기의 상전이신 하나님의 심부름을 수행하기 위해 민첩하게 달리는 그리스도인을 보시지요?

그 사람도 많은 어려움을 당하고 있습니다. 그러나 그가 아침에 깨어 그 고통거리를 기억하면, 무릎을 꿇고 그 문제들을 하나님께 맡깁니다. 그런 자기의 고통거리를 가지고 있는 그 사람은 저기 있는 신앙고백자보다 더 복을 받았습니다. 저곳에 있는 신앙고백자는 괴롭히는 것을 별로 가지고 있지 않습니다. 다만 자기에게 작은 어려움마다 자기를 초조하게 만드는 소재로 삼아 결국 모든 작은 불행거리마다 특별한 참화거리로 확대하고 있습니다.

오, 형제들이여!

그리스도인들이 슬퍼하면 그것은 나쁜 일입니다.

이런 여러 근심 걱정거리가 우리로 죄짓고 마음의 평안을 잃어버리게 하는 것만이 아닙니다. 우리를 약하게 하여 쓸모없게 만들어 버립니다. 자기 모든 염려를 집에다 놓고 하나님께 맡기지 않는 사람이 어떻게 자기의 상전이신 주님을 위해 일을 잘할 수 있겠습니까. 강단에 선 사람이 염려거리로 애를 태우고 있을 때 복음을 설교하기가 곤란합니다. 염려의 날 파리가 윙윙거리니 은혜의 아름다운 선율을 듣기가 어려워집니다.

어떤 대단한 임금님이 한 번은 한 상인을 특사로 지명하여 외국의 여러 궁정에 보내기로 했습니다. 그 상인이 특사로 떠나기 전에 임금님께 아뢰었습니다.

"제 사업은 어떻게 하나 하는 염려가 저를 덮고 있어요. 제가 항상 전하의 종이 되고 싶은 열망이 제가 마땅한 대로 전하의 맡기신 임무에 충실히 하고자 하면, 제 사업은 반드시 망할 것이라고 확신합니다."

임금님이 답하셨습니다.

"그래 좋다. 너는 내 일을 맡아라. 내가 네 염려를 맡을 것이다. 너는 나를 위해 최선을 다하라. 그러면 나도 네 일에 전심을 기울임으로 네가 손해를 보는 일이 없게 할 것이다."

그와 같이 하나님이 자신의 종인 우리에게 말씀하십니다.

"내 일을 하라. 그러면 내가 너희 일을 할 것이다. 나를 섬기라. 그러면 나도 너를 섬길 것이라."

우리는 우리를 무겁게 짓누르는 염려죄의 책임이 별로 크지 않다 여깁니다. 그러나 그것이 우리의 거룩한 대의(大義)를 매우 크게 손상합니다. 그 요점을 부연하지 않으면 오늘의 주제를 완성한 것이 아닐 것입니다.

여러분이 서글프고 비참한 자세로 여러 문제를 대처하면 근심하는 영혼들을 방해합니다. 염려하는 영혼들에 대해 그런 대처방식들은 나름의 구실을 가지고 있습니다.

"보세요. 그 사람도 그리스도인이에요. 모질게 추운 겨울 전체가 태풍을 만들어 그의 이마에 골을 만들었고, 나이를 먹어 오면서 맞는 모든 바람으로 그의 이마에 주름이 졌습니다. 평안도 기쁨도 없어요. 누가 그렇게 비참한 그리스도인 되고 싶겠어요."

그래서 염려 없는 사람에겐 이 세상이 지옥은 아닐 것입니다. 염려는 장래사로 맡길 것입니다.

오, 그리스도인이여!

그대로 말미암아 그런 소리가 들리지 않게 하세요. 원수가 입을 벌려 하나님을 모독하는 말을 하지 못하게 하세요. 붉은 용이 여자의 후손에 속한 여러분으로 말미암아 먹을거리를 찾지 못하게 하세요. 도리어 여러분의 염려를 하나님께 맡기고 모든 개인의 장애물들로부터 자신을 풀어내세요. 그리함으로 여러분이 예수 그리스도의 선한 군사로 여러분의 구주 대적들에 앙갚음할 수 있습니다.

2. 염려의 질병을 치료하는 처방

어떤 이들은 염려거리를 가지고 있어야 합니다. 내가 내 염려를 하지 않는다면, 누가 나 대신 염려해 줄 사람을 찾을 수 있을까 하는 식입니다. 그러나 하늘에 계신 아버지께서 내 짐을 지으시려 기다리시고 계십니다. 아버지께서는 전능하셔서 넓은 어깨를 가지신 분으로 우리에게 말씀하십니다.

"내 아들아, 네 짐을 너의 하나님께 굴리라."

그 복된 특권을 감히 소홀하게 여길 수 있나요?

그 특권을 거부하고 스스로 짐을 지겠다고 나설 정도로 내가 악해질 수 있습니까?

여기에 복된 처방이 있습니다.

> 너희 염려를 다 주께 맡기라 이는 그가 너희를 돌보심이라(벧전 5:7).

자, 이 처방을 묘사하기보다는 적용하는 일을 위해, 저는 성령님의 도우심을 힘입고 그 자체로는 합당한 몇 가지 두려움과 염려거리를 언급하려고 합니다. 그런 염려들마저 하나님께 맡김으로써 짐을 덜 수 있습니다. 우리로 초조하게 하는 제일 자연스러운 염려거리 중 하나는 일용할 양식에 대한 염려입니다. 어떤 이는 이렇게 말합니다.

"먹을 것과 입을 것만 있으면 족할 것이다. 모든 사람과 앞에서 정직한 것들을 공급하여 내 가족을 돌볼 수만 있다면 나는 행복할 것이다."

그런데 어떤 이는 이렇게 말합니다.

"내가 무엇을 먹을까, 무엇을 마실까, 무엇을 입을까?

처지가 되지 않아 내 생활비를 벌 기회를 전혀 가질 수 없고, 재산도 없어 수고 없이 생활을 유지하게 하는 것이 전혀 없는 상황이면, 또 나에게 관대한 도움을 줄 수 있는 친구나 보호자가 없으면 나는 어떻게 할 것인가?"

여러분이 그리스도인이라면 부지런해야 합니다. 그것이 바른 도리입니다. 그러나 만일 하나님이 도우시면 그것으로 감사하고 초조한 마음을 그런 근면과 섞지 마시고, 여러분이 당하는 고통을 참아 내지 못 하는 일을 하지 마시고, 시련 중에 믿지 못하는 마음을 가지지 마세요. 예수님이 그 점에 대해 참으로 달콤하게 말씀하신 것을 기억하세요.

> 공중의 새를 보라 심지도 않고 거두지도 않고 창고에 모아들이지도 아니하되 너희 하늘 아버지께서 기르시나니 너희는 이것들보다 귀하지 아니하냐 너희 중에 누가 염려함으로 그 키를 한 자라도 더할 수 있겠느냐 공중의 새를 보라 심지도 않고 거두지도 않고 창고에 모아들이지도 아니하되 너희 하늘 아버지께서 기르시나니 너희는 이것들보다 귀하지 아니하냐 너희 중에 누가 염려함으로 그 키를 한 자라도 더할 수 있겠느냐 또 너희가 어찌 의복을 위하여 염려하느냐 들의 백합화가 어떻게 자라는가 생각하여 보라 수고도 아니하고 길쌈도 아니하느니라 그러나 내가 너희에게 말하노니 솔로몬의 모든 영광으로도 입은 것이 이 꽃 하나만 같지 못하였느니라 오늘 있다가 내일 아궁이에 던져지는 들풀도 하나님이 이렇게 입히시거든 하물며 너희일까 보냐 믿음이 작은 자들아 그러므로 염려하여 이르기를 무엇을 먹을까 무엇을 마실까 무엇을 입을까 하지 말라 이는 다 이방인들이 구하는 것이라 너희 하늘 아버지께서 이 모든 것이 너희에게 있어야 할 줄을 아시느니라 그런즉 너희는 먼저 그의 나라와 그의 의를 구하라 그리하면 이 모든 것을 너희에게 더하시리라(마 6:26-33).

먹고 마시는 것과 같은 염려는 그 자체로 충분히 자연스러운 것입니다. 그래서 실제로 그런 면에서 궁핍한 사람에게 염려하지 말라 하면서 그에게 정말 필요로 하는 위로는 공급하지 않는다면, 그런 명령은 잔인하게 무모한 것입니다. 그러나 여러분은 그럴 때에도 "너희 시련을 하나님께 던지라"고 말할 수 있습니다.

여러분은 최선을 다하면서 자신을 하나님의 능하신 손아래 겸비하게 내려놓으세요. 어느 것을 할 수 없거든, 다른 것을 하세요. 신사다운 자세로 일용할 양식을 위해 돈을 벌 수 없거든, 가난한 자답게 돈을 버세요. 머리를 써서 안 되거든, 노동하여 이마에 땀을 흘려 버세요.

사업하는 이들은 생활비 자체를 위해 돈을 버는 데서 벗어나 있기는 하나 여러 큰 거래나 사업 확장 때문에 걱정하며 고통당하는 일이 자주 있습니다. 다른 이들이 사업에 실패하는 것을 보거나, 악성 부채가 쌓이거나, 시장의 변화나, 돈이 필요하여 압박을 받거나, 갑작스러운 경제 공황을 맞는 일도 있을 수 있어 세상은 사업하는 이들에게 고통거리가 됩니다.

이 세대의 신용 양태로 말미암아, 그리스도인이 바른 양심을 따라 진지하고 알찬 방식으로 사업체를 운영한다는 것이 매우 어렵습니다.

아무에게든지 아무 빚도 지지 말라(롬13:8a).

만일 그 말씀이 사업 거래의 시스템 속에서 잘 적용된다면, 피할 수 없어 보이는 신용 시스템 세계에서 지금 자라나고 있는 천 가지의 병을 치료할 것입니다. 제가 확신하기로, 현재의 신용 시스템은 지금 자행되는 많은 범죄를 처음부터 수반하고 있으며 사업가들을 괴롭히는 많은 염려거리를 내게 되어 있습니다.

매우 자연스러운 인격적 종류에 해당하는 염려거리가 있습니다. 그래서 과도하지만 않으면 매우 바른 것이기도 합니다. 그것은 바로 우리 자녀들에 대한 염려입니다. 우리 자녀들로 인해 하나님을 찬미해야 마땅합니다. 우리는 자녀들을 고통거리로 보는 이들과 같은 심정을 공유하지 않습니다. 왜냐하면, 자녀들은 여전히 주 하나님이 주신 기업이라고 믿기 때문입니다.

그러나 자녀들은 우리에게 얼마나 많은 걱정거리를 제공하는지요!

우리가 어떻게 그들을 양육할까?
어떻게 하면 그들에게 필요한 것을 공급할까?
그들이 부모를 존귀하게 할까?
아니면 부모의 이름을 누추하게 하지는 않을까?

한 자식이 그 부모에게 최대의 저주거리가 될 수도 있고, 최상의 위안거리가 될 수도 있습니다. 그럼에도 저는 하나님이 자녀들을 보내신 것이 확실하니 자녀들이 복이라는 사실에 의문을 제기할 생각이 전혀 없습니다.

그리스도인 자녀는 자기 자녀들에 대해 염려해야 합니다. 그가 그리스도인이면 더욱 그래야 합니다. 자녀들이 진리 안에서 행하기까지 만족하지 않아야 할 것입니다.

부모 되신 분들이여!

여러분의 자녀들을 위해 기도해 왔습니다. 여러분이 자녀들에게 거룩한 본을 보여 주셨다고 믿습니다. 매일 여러분은 그리스도 예수님 안에 있는 진리를 그들에게 가르치려고 애를 씁니다. 그리스도의 형상이 자녀들 속에서 형성되기까지 해산의 수고를 드렸습니다. 잘 하시는 일입니다.

자, 여러분의 영혼이 조용하게 그 복락을 기대하며 기다리게 하십시오.

여러분의 후손을 하나님께 맡기세요. 여러분의 아들과 딸들을 그들의 하나님께 맡기세요. 여러분이 정한 때에 그들이 회심하지 않더라고 참지 못하는 잘못에 빠지지 마세요. 자녀들이 여러분의 기대를 외면하는 것 같더라도 믿지 못하는 마음으로 산란해하지 마세요. 그렇게만 하신다면 복을 기업으로 받을 것입니다.

그러나 그리스도인 각자는 더 높은 수준, 영적 염려의 문제를 개인적으로 가질 때가 있습니다. 그리스도인은 산 소망을 위해 거듭났습니다. 그러나 그는 자기 믿음이 죽을까 봐 두렵습니다. 그리스도인은 자기가 영적 기쁨이 불통하고 있습니다. 그러나 그리스도인은 자기를 낮추는 어둡고 무서운 밤이 있습니다. 그때 자기 등불이 어둠을 밝히지 못할까 두렵습니다. 그가 지금까지는 승리했는데 어느 날 원수의 손에 넘어지지 않을까 하며 두려워 떱니다.

사랑하는 여러분!

제가 여러분에게 권합니다. 여러분의 염려를 하나님께 던지세요. 하나님이 여러분을 돌보시니 말입니다.

> 너희 안에서 착한 일을 시작하신 이가 그리스도 예수의 날까지 이루실 줄을 우리는 확신하노라(빌 1:6).

하나님은 "내가 결코 너희를 버리거나 떠나지 않을 것이라"고 말씀하셨습니다.

> 산들은 떠나며 작은 산들은 옮길지라도 나의 인자는 네게서 떠나지 아니하며 화평케 하는 나의 언약은 옮기지 아니하리라 너를 긍휼히 여기는 여호와의 말이니라(사 54:10).

아니면, 여러분 모두를 오늘 아침과 오후나 저녁에 지키셔서 하나님의 보배로운 약속들을 되풀이 상기시켜 주시기를 바라며, 저녁에 잠자리에 들 때는 이렇게 말하게 하시기를 원합니다.

예수님께 피하려고 뛰어든 여러분에게 하나님이 하신 말씀보다 더한 말씀이 어디 있겠습니까?

그러니 우울하게 의심하거나 걱정하는 것들을 날려 버리세요.

과거의 죄에 대해 염려합니까?

> 그 아들 예수의 피가 우리를 모든 죄에서 깨끗하게 하실 것이요(요일 1:7).

현재 여러분이 당하는 시험 때문에 걱정합니까?

> 사람이 감당할 시험 밖에는 너희에게 당한 것이 없나니 오직 하나님은 미쁘사 너희가 감당치 못할 시험 당함을 허락지 아니하시고 시험 당할 즈음에 또한 피할 길을 내사 너희로 능히 감당하게 하시느니라(고전 10:13).

만일 여러분이 항상 자신만 생각한다면, 반드시 비참해질 것입니다. 하나님 앞에서 여러분으로 여러분 되게 하시는 분이 바로 그리스도 예수님이십니다. 그러니 예수님을 바라보며 하나님이 여러분을 무어라 평가하시는지 찾아내세요.

영혼들이여!

다시 말합니다. 그리스도를 바라보고 자신은 바라보지 마세요.

성화(聖化, sanctification)를 염려하다가 칭의(稱義, justificationd)에 대한 확신을 무너뜨리는 일은 절대 하지 마십시오.

죄인들을 구원하시려고 그리스도께서 죽으셨습니다!
여러분 같은 이는 그런 은혜를 받을 자격이 없다는 생각이 드나요?

우리가 아직 연약할 때에 기약대로 그리스도께서 경건치 않은 자를 위하여 죽으셨도다(롬 5:6).

제가 주목해 보니 개인적 성격보다는 교회론적 성격을 가지고 있는 염려거리가 많습니다. 그런데 그런 염려거리가 은근하게 파고들어 생활을 위한 변론을 유발합니다. 그런데도 그런 염려거리를 집어 던져야 합니다. 죄송한 말씀이지만 오늘 아침에 다른 어느 사람보다 설교하지 않는다면, 저 자신에게 설교하고 있었을 것입니다. 어떻게 하면 하나님의 일이 이루어질까에 대한 염려가 있습니다.

저는 어리석은 한 젊은이를 알고 있습니다. 그는 그런 일에 관해 생각하느라고 여러 날 밤을 뜬눈으로 새웠습니다. 때로 낮에도 미련하게 자신을 슬픔으로 몰아넣었습니다. 자기 영혼 안에 있는 큰 계획과 마음의 목적들을 이룰 방도가 보이지 않으니 말입니다. 그는 아직도 불가능한 것들을 보면 비웃고 "그 일이 이루어질지어다"라고 말하는 데까지의 믿음에는 미치지 못한 것입니다.

만일 여러분 중에 누구든지 동일한 슬픔과 병으로 고생하고 있다면, 베드로 사도를 통해 주신 말씀으로 여러분을 권면하고자 합니다. 하나님의 일에 대한 염려는 하나님께 맡기십시오. 하나님이 전투에 우리를 내보내실 때 우리 혼자 담당하게 하시지 않습니다. 하나님이 친히 함께하시지 않는 일을 우리더러 하라 하시지 않습니다. 만일 우리가 하고 싶은 만큼 많은 것을 행할 능력을 하나님이 우리에게 주지 않으시더라도, 우리가 할 수 있는 분량만큼의 능력을 허락하신 것이 복된 일입니다.

주님의 일을 함께할 사람이 적고 일하는 데 필요한 방편도 그렇다 해도, 그 방편과 일꾼이 어디서 올까 하며 초조하지 말아야 합니다. 물론, 하나님께 "주여, 일꾼을 보내 주소서"라고 기도하는 것은 바른 일입니다. 그리고 주님의 일을 위해 필요한 금과 은을 가진 일꾼도 보내 주시라는 기도도 잘하는 일입니다. 그러나 그렇게 기도하고 나서 우리의 염려를 하나님께 맡겨야 합니다.

그런 경우 그 문제가 해결되더라도 하나님 일의 성공을 위해 나를 능히 초조하게 만들기에 족한 또 다른 걱정거리가 생길 것입니다.

오, 회심하는 영혼들을 만나면 우리 마음은 기뻐 뜁니다!

교회에 모이는 수가 늘어나면, 얼마나 좋은지요!

그러나 교회 회중의 수가 답보 상태에 있으면 슬픈 생각이 듭니다. 하나님의 팔이 항상 보이지 않을 때, 낙담하며 이렇게 말하는 데로 얼른 나아갑니다.

"주님, 저로 죽게 하소서. 저는 내 선진들보다 결코 더 낫지 못합니다."

그렇게 우리 마음과 몸이 기운을 잃고 있으면, 그런 불신앙의 병을 앓는 연약이 여인의 유출병처럼 우리를 덮칩니다. 그리하여 주님의 일이 쇠약해짐에 따라 우리 생명의 기운도 빠져나간다는 느낌이 듭니다.

자, 그런 염려도 하나님께 맡겨 버려야 합니다.

농부 되시며 위대하신 황제이신 우리 주님이 여러분을 보내셔서 씨를 뿌리게 하셨습니다. 그러나 그 뿌린 씨앗이 하나도 발아하지 않는다 합시다. 그러나 여러분이 주님이 말씀하신 장소에 명하신 대로 씨를 뿌렸다면, 추수의 수확이 적다고 여러분을 나무라시는 일은 결코 없을 것입니다. 설교하는 일은 여러분의 임무요, 영혼으로 회심케 하시는 일은 하나님이 하십니다.

'그들이 눈물 골짜기로 지나갈 때' 그들이 할 일은 우물을 파는 일입니다.
"이른 비가 복을 채워 주나이다."

그곳에 많은 샘이 생기게 하는 일을 그들 스스로 할 수 없습니다. 당시 이스라엘은 우리나라 영국같이 우물이 샘 근원에서부터 흘러넘치는 것이 아니었습니다. 이스라엘은 비가 하늘에서 내려져야 우물이 채워졌습니다. 그 복음 위에서 주어지는 것입니다.

우물을 팠고 여섯 번 기도했는데도 비가 오지 않으면 다시 일곱 번째로 기도하십시오. 그러면 비가 내시고 우물들이 아귀까지 채워질 것입니다. 그러므로 주님의 일에 성공하는 것에 관해 염려하지 마세요.

때로는 우리 자신의 실수나 다른 이들 때문에 넘어져서 원수로 하나님을 모독할 기회를 얻게 하면 어쩌나 하는 염려도 합니다. 지옥에 있는 자들 옆에 귀신들이 있습니다. 땅에 있는 귀신들은 문맥과 상관없이 자기가 쓰기에 합당한 한마디 말을 얻을 기회만 생기면 아주 좋아합니다. 그래서 귀신들이 그 말을 가지고 하나님을 모독하는 그루터기로 삼습니다.

그런 일은 쉬운 일입니다. 어리석은 자라도 그런 일은 다 합니다. 그러나 이 세상은 더러운 먹을거리를 찾아 씹어서 다른 이들의 목구멍에 억지로 쑤셔 넣는 미련한 자들로 가득 차 있습니다.

때로 이처럼 부서지기 쉬운 세상에서 어떤 것을 깨뜨릴까 두려워 걷기를 두려워하는 이도 있습니다. 원수로 입을 벌려 자기의 악을 토해 내게 할 어떤 것을 말할까 보아 두렵습니다. 방심하지 않으려고 주의를 기울이는 것 자체는 매주 좋은 것입니다. 그것이 안달하고 연약하게 걱정하는 데로 이어지지만 않는다면 말입니다.

여러분과 제가 원수가 할 수 있는 것에 대해 무엇을 할 수 있습니까?

주님이 마귀를 결박하지 않으시면 우리가 마귀를 제어할 수 없음을 확신합니다. 주님이 거짓말쟁이의 입을 닫지 않으시면, 우리가 주님이 우리를 위해 무엇을 해 주시기를 구해야 마땅할지 저는 모릅니다. 왜냐하면, 주님이 거짓말쟁이들의 입을 막지 않으시면, 거짓말쟁이는 최고의 기회를 얻어 지껄일 수 있게 될 것을 의심하지 않습니다.

그리스도께서 나귀 등에 타시고 예루살렘으로 들어오신 것같이, 여러 차례 진리가 저 야비하기 짝이 없는 원수들의 등을 밟고 승리에 차서 예루살렘으로 들어왔습니다. 의심할 여지 없이 그리스도께서 높이 들이시고 창끝으로 찔림을 받으셨습니다. 그리고 순교자들이 불에 타서 죽었던 화형대에서 복음의 빛이 봉화 같이 발했습니다.

좋습니다. 우리 대적 원수들이 원하는 대로 하게 내버려두십시오. 다만 주님을 견고하게 붙들고 서서 우리의 염려를 주님께 던지십시오.

그리고 결국에 내가 충성 되지 못한 사람이 될까 봐 심히 두려워하는 일도 있습니다. 그래서 주님이 내게 맡겨 주신 영혼들의 피가 우리에게 소리치지 않을까 하여 두렵기 한량없습니다.

그런 생각을 하면 대번에 이마에 충격을 받아 마룻바닥에 쓰러진 것 같은 경우가 여러 차례였습니다. 이 무거운 짐이 나를 눌러 정말 처량한 자리로 떨어지게 하여 결국 몸과 마음이 함께 쇠약해지기도 했습니다. 그래서 내 눈에서 흐르는 눈물과 내 머리에서 흘러나오는 차가운 땀방울을 볼 수만 있었다면 이렇게 말했을 것입니다.

"참으로 저렇게 처량한 이가 앞에 나가 설교를 하다니!"

여러분 모두에 게 설교해야 한다는 생각이 밀려오고 아울러 제대로 신실하게 해야 한다는 강박관념이 있습니다. 만일 그렇게 하지 않으렴. 여러분의 피를 내 손에서 찾게 될 판입니다. 그런 생각이 너무 무서워 개인적으로는 감히 그런 생각을 하지 않으려 합니다. 그런 생각을 하면 대번에 아주 연약한 자리에 빠지니 말입니다.

그러나 하나님을 찬미하십시오. 하나님이 성령님으로 말미암아 모든 것을 할 수 있는 능력을 우리로 갖게 하셨다면, 그 염려도 하나님께 맡기십시오. 하나님이 우리에게 주기로 정하신 분량보다 더 많은 것을 주시지는 않을 것입니다. 여기까지 우리를 도우셨다면 하나님께 모든 영광을 돌려야 합니다.

그러나 만일 우리가 실패했더라도 하나님은 주님의 보배 피로 우리의 허물을 씻으실 것입니다. 그리고 사역자가 책임의 무거운 짐을 지고 하늘에 들어가면, 자기가 거룩함을 입을 자 중에서 한 자리를 차지하게 됨을 알게 될 것입니다.

3. 자신의 짐을 부리게 하는 달콤한 유인(誘因)

첫째, 하나님의 보편적 섭리를 믿으십시오. 주 하나님이 개미들과 천사들과 벌레들과 세상의 모든 것을 돌보십시오. 하늘의 천사들인 그룹들도 돌보시고 땅의 참새들도 돌보시며, 천사들인 스랍도 돌보시고 땅에 있는 곤충들도 돌보십니다.

둘째, 여러분의 염려를 주 하나님께 맡기세요. 별들의 이름을 부르시고 그 수를 헤아리시며 그 대군(大軍)을 주장하시는 분이 하나님이십니다. 전 우주를 섭리하시는 그분을 생각하고 용기를 내세요.

그런 다음에 모든 성도를 향하신 하나님의 특별한 섭리를 생각하세요.

> 우리가 알거니와 하나님을 사랑하는 자 곧 그의 뜻대로 부르심을 입은 자들에게는 모든 것이 합력하여 선을 이루느니라(롬 8:28).

주님이 만인의 구주이시면서 특별하게 믿는 자들의 구주십니다. 정말 용기를 가지며 위로를 받으세요, 하나님이 특별한 섭리로 택하신 백성들을 지키십니다.

셋째, 하나님이 여러분을 특별하게 사랑하심을 생각하는 것 자체가 여러분의 위로의 진수가 되게 하십시오.

> 내가 결코 너희를 버리지 아니하고 너희를 떠나지 아니하리라(히13:5b).

하나님이 옛 성도들 모두에게 말씀하셨듯이 여러분에게도 그렇게 말씀하십니다.

오, 사랑하는 여러분!

성령께서 하나님의 약속을 여러분에게 하시는 말씀으로 느끼게 하시기를 바랍니다. 이렇게 큰 회중이 모여 예배를 드리고 나면 다른 이들은 잊어버리고 오직 자신만 생각하세요. 하나님의 약속들이 바로 여러분 자신을 위한 것이기 때문입니다. 바로 그 하나님의 약속들을 부여잡으세요. 성경을 읽으면서 막연하게 교회 전체를 위해서 하신 말씀이라는 식으로 읽으면 병입니다.

성경을 읽을 때 자신을 위해 읽으세요. 특별하게 오늘 아침 구주께서 여러분 자신에게 하시는 말씀을 들으세요.

> 너희는 마음에 근심하지 말라 하나님을 믿으니 또 나를 믿으라(요 14:1).

주님이 여러분을 위해 기도하고 계심을 생각하세요.

> 내가 네 믿음이 떨어지지 않기 위하여 기도하였노니 너는 돌이킨 후에 네 형제를 굳게 하라(눅 22:32).

그리고 여러분의 고통의 물 위로 걸어오시는 주님을 생각하십시오. 주님이 "용기를 내라. 내니 두려워 말라"고 하십니다.

"오, 그리스도 예수님의 달콤한 말씀이여!

주님 제게 그 말씀을 주세요. 주님의 불쌍하게 슬퍼하는 아이를 굽어보사 말씀해 주세요. 우리로 주님의 음성을 듣게 하소서."

예수님이 위로의 말씀으로 속삭이시니 나는 그 말씀을 거절할 수 없습니다. 내가 크게 즐거워하며 주님의 그늘 아래 앉을 것입니다.

여기 아직 예수님을 믿지 않고 있는 죄인들이여!

여러분은 하나님을 알지 못합니다. 저는 오늘 이 예배를 마치기 전에 여러분에게 이 한 가지만 말씀드리려 합니다.

그리스도인이 된다는 것, 여러분을 돌보시는 분을 모신다는 것이 얼마나 복된지요!

여러분이 지금 그리스도인이든지 아니든지 염려거리를 갖게 될 것을 여러분도 아십니다. 세상에 있으니 분명 고통거리를 갖게 됩니다.

그러나 여러분을 위로하실 그리스도도 없고 여러분을 붙드실 하나님도 모시지 않고 여러분에게 용기를 북돋아 줄 하나님의 약속도 없다니요!

그것은 마치 등불을 없이 어둠을 헤쳐 나가는 것과 같습니다. 그럴 때 내세에 죽지 않을 산 소망 없이 죽어야 합니다.

오, 만일 여러분이 그리스도인이 어떤 사람인지 알고 그리스도인의 특권을 아는 말을 한마디만 할 수 있다면, 얼마나 좋겠습니까!

그러나 저는 여러분의 죄를 그리스도께 던지라고 말하고 있습니다. 그러면 예수 그리스도께서 여러분의 죄를 담당하십니다. 지금 그리스도를 믿고 있다면, 그리스도께서 옛 성도의 죄를 지시고 자신의 몸으로 고난을 당하셨으니 여러분이 해방되었다는 증거를 가진 셈입니다.

성도이든 죄인이든 우리 각자 십자가로 나아가고 은혜의 보좌 앞에 나아가 이렇게 말할 수 있기를 바랍니다.

"주여, 죄책과 염려의 무거운 짐을 내려 주시고, 이제 즐거워하면서 우리 길을 갈 수 있게 하소서."

완전히 충분하신 하나님이 말씀하셨기 때문입니다.

"내가 결코 너희를 떠나거나 버리지 않을 것이다."

제8장

제목 : 완전한 확신의 복락

■ 본문 : 요한일서 5 : 13

■ 설교 요약

완전한 확신은 하나님이 그 택하신 백성들에게 주신 은혜의 선물이다. 우리가 하나님을 믿으면 다 가질 수 있다. 우리가 하나님께 순종하기를 구했고, 성령께서 우리 안에 계시며, 성례들을 시행하고 있다. 이런 점들을 통해 더 큰 믿음을 받을 수 있고, 우리 주위의 세상 사람들에게 그 믿음을 보여 줄 수 있다. 우리가 영원하신 하나님을 용기 있게 신뢰하기를 배워 감에 따라서 말이다.

■ 이 설교에서 기억할 만한 문구

"만일 우리가 성경의 맛을 느끼는 지각을 상실하면, 우리가 고장 난 것이고 영적 건강의 회복을 위해 기도하는 것이 절실합니다."

"순종은 우리의 사랑을 가늠하게 하는 대단한 시금석입니다."

Spurgeon on Resting in the Promises of God

제8장
완전한 확신의 복락

> 내가 하나님의 아들의 이름을 믿는 너희에게 이것을 쓰는 것은
> 너희로 하여금 너희에게 영생이 있음을 알게 하려 함이라(요일 5:13).

신약성경의 모든 서신이 다 그렇게 쓰고 있음을 주목하십시오. 신약성경의 모든 서신은 성도로 부르심을 받은 자들에게 쓴 편지들입니다. 이런 말을 하면 여러분 중에 어떤 분들은 생소하게 들릴 수 있습니다. 성경을 열면 여러분에게 직접 말씀하시는 것이 아닌 부분이 너무 많아 보이기 때문입니다.

그러나 성경이 여러분 자신을 향하신 하나님 말씀으로 알고 읽는 것이 좋습니다. 하나님의 성령께서 성경이 여러분에게 그렇게 들리게 은혜롭고 복되게 역사하시기를 바랍니다. 그러나 성경이 여러분을 향해 직접 하신 말씀은 아닙니다. 그렇게 여기면 여러분은 다른 사람의 편지를 읽고 있는 것입니다. 여러분이 성경을 읽는 것을 허락하신 하나님께 감사하십시오.

더 나아가 이 성경이 여러분을 향해 하시는 하나님의 말씀으로 들려지기를 갈망하세요. 여러분의 구원을 위해 성령께서 성경의 어느 부분을 사용하셨다면, 그로 인해 하나님께 더욱 감사하십시오.

성령께서 교회와 그리스도를 믿는 이들에게 말씀하신다는 사실 때문에 여러분이 무릎을 꿇고 하나님께 부르짖으십시오. 여러분도 하나님의 자녀 반열에 들게 해 주십사고 말입니다. 그리하여 이 성경이 처음부터 끝까지 여러분의 책이 되고, 성경의 보배로운 약속들이 자신의 것으로 여기고 읽게 되기를 바랍니다.

이 엄숙한 생각이 여러분 중 어떤 이들에게는 와 닿지 않을 수도 있습니다. 여러분이 지금 그 엄숙한 생각이 여러분에게 깊은 인상을 남기게 되기를 바랍니다.

어떤 이들이 신약의 서신들을 받지 않는 것을 이상한 일로 여기지 않습니다. 왜냐하면, 그 서신들이 그들에게 보내진 것이 아니었기 때문입니다. 어째서 그들이 자기들과 다른 종류의 사람들에게 주어진 말들을 트집 잡아야겠습니까?

그럼에도 우리는 그런 일을 보고 놀라지 않습니다. 그럴 것을 알았기 때문입니다.

여기 유언장이 있다 합시다. 그래서 여러분이 그 유언장을 읽기 시작한다 합시다. 그러나 그 유언장과 여러분이 아무 관계가 없음을 알게 되었습니다. 그 유언장에는 무슨 뜻인지 이해하려고 애쓸 필요가 전혀 없는 말들로 가득 차 있습니다. 여러분 자신과 관련 있는 내용이 전혀 없기 때문입니다.

그런데 그 유언장을 읽어 내려가다가 여러분을 위해 재산이 남겨졌다는 조항에 이르게 됩니다. 그러면 그 문서 전체가 성질을 바꾸어 여러분에게 찾아온 것같이 보일 것입니다. 그래서 유언장의 조항들을 확실하게 이해하려고 애를 쓸 것입니다. 아니 여러분에게 재산이 주어질 것을 명시한 그 대목을 암기하고 싶어질 것입니다.

오, 사랑하는 친구 여러분!

우리 주 예수 그리스도의 신약성경을 읽으시기 바랍니다. 그러면 여러분은 신약성경을 지혜자로 여겨지는 자들의 모든 글보다 더 높게 받들게 될 것입니다.

그래서 저는 두 번째 요점으로 나아갑니다. 신약성경의 내용이 믿는 자들에게 주어진 것이니, 믿는 자들은 마땅하게 그것들과 친숙하여 그 의미와 의도를 탐구하는 것이 마땅합니다. 요한 사도는 요한복음을 기록한 목적을 이렇게 말합니다.

> 오직 이것을 기록함은 너희로 예수께서 하나님의 아들 그리스도이심을 믿게 하려 함이요 또 너희로 믿고 그 이름을 힘입어 생명을 얻게 하려 함이니(요 30:31).

여러분에게 간청하노니, 성령께서 여러분을 세심하게 배려하시어 기록하게 하신 것을 읽는 일을 게을리하지 마십시오. 요한복음은 단순하게 요한의 글이 아닙니다. 주 성령님께 영감을 받은 요한은 성령님의 인도하심을 따라 여러분에게 그 내용을 기록한 것입니다. 그러니 하나님이 여러분의 마음에 보내는 편지로 보내신 글의 문장들과 그 문장들을 이루고 있는 단어 하나하나를 진지하게 유심히 주목해야 합니다. 성경을 귀하게 여기십시오.

루터는 이렇게 말했습니다.

> 주님의 말씀 없이 낙원에 가고 싶지 않고, 주님의 말씀과 함께라면 지옥에도 갈 수 있다.

또 다를 때에는 이렇게 말했습니다.

> 성경이란 나무의 한 이파리와 온 세상을 바꾸지 않을 것이다.

성경은 그리스도인에게 있어서 모든 것입니다. 그에게 성경은 먹을 양식과 마실 물입니다. 성도는 이렇게 말할 수 있어야 합니다.
"오, 내가 주의 율법을 얼마나 사랑하는지요!"
그렇게 말할 수 없으면, 무언가 잘못되어 있습니다. 만일 우리가 성경의 맛을 느끼는 지각을 상실하면, 우리가 고장 난 것이고 영적 건강의 회복을 위해 기도하는 것이 절실합니다.

1. 요한일서를 기록한 사도 요한의 특별한 목적

글을 쓸 때 목적이 없으면 좋은 글을 쓸 수 없습니다. 막연하게 종이와 잉크를 준비하고 앉아서 빈 종이에 무엇인가를 가득 채울 양으로 글을 쓴다면, 그런 글의 내용이 보잘것없을 것은 뻔합니다. 요한 사도는 자기가 무엇을 위해 써야 할지 잘 알았습니다. 자기가 쓸 글의 내용과 의도가 마음에 선명하게 비쳐 있었습니다. 그래서 그는 자기 마음에 떠오른 바를 우리에게 말한 것입니다.
요한일서 5장 13절의 본문에 사도는 자기가 이 서신을 쓴 분명한 목적을 밝혔습니다. 그리고 나서 그 목적을 세 가지로 나누어 밝혔습니다. 요한 사도는 처음부터 우리로 우리 구원의 확신을 충만하게 누리게 하려고 이 서신을 쓴 것입니다.

> 내가 하나님 아들의 이름을 믿는 너희에게 이것을 쓰는 것은 너희로 하여금 너희에게 영생이 있음을 알게 하려 함이라(요일 5:13).

예수님의 이름을 믿는 이들 중 많은 이가 자기들이 영생을 얻었음을 확신하지 못하고 있습니다. 그저 그렇게 되었으면 하고 바랄 뿐입니다. 물론, 그들도 때로는 확신합니다. 그러나 그런 경우에도 기쁨이 동반하지 않습니다. 그들은 마치 제가 이야기 들은 어느 사역자와 같습니다. 그 사역자는 제게 말했습니다.

"동풍이 부는 것같이 마음이 산란해지는 때를 빼놓고는 제가 구원받았다고 느낍니다."

환경의 지배를 그런 식으로 받는 것은 비참한 일입니다. 많은 사람이 그러고 있습니다. 순한 남풍이 불 때나 서풍이 일어날 때나 진리는 진리이며, 사람이나 짐승에게 바람이 매섭게 불어대도 진리는 여전히 동일하게 진리입니다. 요한은 우리의 확신이 청우계(晴雨計)나 풍신기(風向計)에 따라서 달라지지 않음을 명시하고 싶었습니다.

> 내가 하나님의 아들의 이름을 믿는 너희에게 이것을 쓰는 것은 너희로 하여금 너희에게 영생이 있음을 알게 하려 함이라(요일 5:13).

요한은 믿는 우리가 새 생명에 참여했음을 확신케 하고 싶었습니다. 그리고 그는 우리로 그것을 알아 그런 지식의 황금 열매를 거두게 하고 싶었으며, 믿음으로 말미암는 기쁨과 평강을 충만하게 누리게 하고 싶었습니다.

저는 자기가 그리스도를 믿는 것이 확실하다고 말할 수 없는 연약한 분들에게 애정을 가지고 말씀드립니다. 저는 여러분으로 정죄감을 갖게 하려고 말하는 것이 아니라 위로가 되게 하려고 말하는 것입니다. 구원의 완전한 확신 자체가 구원에 진수가 되는 요건은 아닙니다. 그러나 참된 만족을 위해서는 진수가 됩니다.

그래서 여러분도 구원의 확신을 가질 수 있기를 원합니다. 아니 즉시로 확신하게 되기를 바랍니다. 구원의 확신이 없이는 영적으로 만족함을 누릴 수가 없습니다. 여러분도 확신을 가질 수 있습니다. 무슨 계시를 개인적으로 따로 받아야 확신에 이르는 것이 아닙니다. 하나님의 말씀으로 말미암아 우리 안에서 구원의 확신이 생깁니다.

사도 요한은 말합니다.

> 내가 너희에게 이것을 쓰는 것은 하나님 아들의 이름을 믿는 너희로 하여금 너희에게 영생이 있음을 알게 하려 함이라(요일 5:13).

너희에게 이것들을 쓰는 것은 너희가 확신하게 하려 함이라고 요한은 말하고 있습니다. 성령께서 사용하시는 방편들이 성령께서 원하시는 효과와 동등하다고 확신할 수 있습니다. 하나님의 성령의 인도하심을 받아 요한은 성령께서 의도하시는 목적에 걸맞게 이 서신을 쓴 것입니다.

우리에게 영생이 있음을 알게 할 의향으로 그가 무엇을 썼습니까?

요한일서 전체를 훑어 살펴보면, 내용이 그 방향을 향해 집중되어 있음을 알게 될 것입니다. 그러나 이 시점에서는 요한일서 5장의 윤곽을 살피는 것 이상을 넘어가지 않으려 합니다.

요한 사도는 요한일서 5장을 이렇게 시작합니다.

> 예수께서 그리스도이심을 믿는 자마다 하나님으로부터 난 자니(요일 5:1a).

여러분은 예수님이 하나님께 기름 부으심을 받으셨다고 믿습니까?
그분이 여러분에게 그런 분이십니까?
그분이 여러분의 선지자와 제사장과 왕이십니까?
예수님을 하나님께 지명받은 중보자로 받으십니까?
여러분은 예수님의 기름 부음 받으신 분이신 줄 알고 그분을 믿는 것입니까?
그분이 하나님께 중보자시오 화목 제물이시요 사람들의 구주이신 줄 믿습니까?

그렇다면 여러분은 하나님께로부터 난 자입니다.
"목사님, 제가 그런 사람임을 어떻게 알 수 있나요?"
형제 여러분!
우리의 증거는 여기에 기록된 대로 하나님의 증언에 의존한 것입니다.
우리에게 그 어떤 다른 증언은 필요하지 않습니다. 천사가 와서 여러분이 하나님께로서 난 자임을 말해 주었다고 가정해 봅시다.
그 천사의 증언이 정확하고 오류가 없는 성경보다 더 확실한 증거일까요?
만일 예수님이 그리스도이심을 믿는다면, 여러분은 하나님에게서 난 자입니다. 요한은 여러분에게 영생이 있음을 여러분이 알 수 있다고 긍정적으로 선포했습니다.
그 무엇이 이보다 더 분명한 것이겠습니까?
요한 사도의 사랑 어린 심령은 그로 하여금 이렇게 말하게 했습니다.

> 또한 낳으신 이를 사랑하는 자마다 그에게서 난 자를 사랑하느니라(요일 5:1b).

하나님을 사랑합니까?

하나님의 독생자를 사랑합니까?

이 두 질문에 대해 분명하게 '그렇다'고 대답할 수 있습니다.

제가 아는 어느 사랑스런 여성 그리스도인이 때로 제게 이런 말을 했습니다.

"제가 예수님을 사랑하는 줄을 알아요. 그러나 제가 두려워하는 것은 그분이 나를 사랑하지 않으시면 어쩌나 하는 것입니다."

그녀가 그런 의심을 표명할 때마다 저는 미소를 지었습니다. 왜냐하면, 그런 생각은 제 마음에서 떠오를 수 없기 때문입니다. 제가 예수님을 사랑하면, 그것은 그분이 저를 먼저 사랑하셨기 때문입니다.

우리 안에 있는 하나님을 향한 사랑은 늘 우리를 향한 하나님의 사랑 역사(役事)입니다. 예수님이 우리를 사랑하셔서 자신을 우리를 위해 내어 주셨습니다. 그러므로 그 사랑에 보답하는 양 우리가 예수님을 사랑하는 것입니다. 예수님을 향한 사랑은 그 사랑의 원인이 존재함을 입증하는 효과입니다.

예수님을 사랑합니까?

그분을 생각하면 즐겁습니까?

그분이 여러분의 귀에 음악 같고 여러분의 입에 꿀과 같습니까?

그분이 높아지기를 간절하게 원합니까?

아, 사랑하는 친구 여러분!

저는 여러분 중 많은 이에게는 예수님의 사랑스러운 이름이 충만한 한 편의 설교가 궁중의 잔치와 같습니다. 그리스도가 빠진 강론이 여러분에게 텅 빈 허망한 강설에 불과합니다.

그렇지요?

그렇게 진실로 그리스도를 사랑한다면, 그것이 바로 "너희로 하여금 너희에게 영생이 있음을 알게 하려고" 기록된 말씀의 내용 일부입니다.

요한은 또 다른 증거를 제시합니다.

> 우리가 하나님을 사랑하고 그의 계명들을 지킬 때에 이로써 우리가 하나님의 자녀를 사랑하는 줄을 아느니라(요일 5:2).

하나님을 사랑하십니까?

하나님의 자녀들을 사랑하십니까?

사도 요한이 하는 다른 말을 들어 보세요.

> 우리가 형제를 사랑함으로 사망에서 옮겨 생명으로 들어간 줄을 알거니와 사랑치 아니하는 자는 사망에 거하느니라(요일 3:14).

이 말씀이 매우 작은 증거같이 보일 수 있습니다. 그러나 그 말씀이 내 영혼에 큰 위로가 된 적이 여러 번 있었음을 확인하는 바입니다.

저는 제가 형제를 상하는 줄을 압니다. 저는 주님께 이렇게 말씀드릴 수 있습니다.

"주님의 양 떼 중에서 제가 먹이고 치기를 싫어할 어린양이 있나이까?"

저는 주님의 백성 중 가장 작은 자라도 기쁘게 격려하고 위로하고 싶습니다.

그렇습니다. 내가 형제들을 사랑하면 그 형제 중에서 '맏형'이신 그리스도를 사랑합니다. 어린아이를 사랑하면 아버지를 사랑합니다. 그럼으로써 내가 사랑에서 생명으로 옮긴 것을 압니다.

형제 여러분!

이 증언을 힘 있게 붙잡으세요. 이 증언은 결정적입니다. 요한은 말했습니다.

> 우리가 형제를 사랑함으로 사망에서 옮겨 생명으로 들어간 줄을 알거니와 사랑치 아니하는 자는 사망에 거하느니라(요일 3:14).

그 요점이 그렇게 중요하지 않았다면 요한이 그렇게 적극적으로 증언하지 않았을 것입니다.

형제들이여!

감상적 위안으로 만족하지 마세요. 사실과 진리의 반석 위에 견고하게 서세요. 참된 그리스도인의 확신은 추측의 문제가 아니라 수학적 정밀성의 문제입니다. 우리가 성령님께 듣는 바는, 우리가 형제를 사랑하면 우리가 사망에서 생명으로 옮겼다는 것입니다. 여러분이 형제들의 구주와 그들 안에 있는 진리를 위해 형제들을 사랑하는지 아닌지를 말할 수 있어야 합니다. 그런 식으로 형제들을 사랑한다고 진실로 말할 수 있다면, 여러분에게 영생이 있음을 알 수 있습니다.

우리 사도 요한은 구원의 확신에 대해 또 다른 증거를 제시합니다.

> 하나님을 사랑하는 것은 이것이니 우리가 그의 계명들을 지키는 것이라 그의 계명들은 무거운 것이 아니로다(요일 5:3).

순종은 우리의 사랑을 가늠하게 하는 대단한 시금석입니다. 만일 여러분이 자기 뜻대로 살아가며 하나님을 유념하지 않으면, 하나님의 사람일 수가 없습니다. 만일 여러분이 주 예수님을 여러분의 주와 상전으로 생각하지도 않고 하나님의 권리들을 인정하지도 않고 하나님의 뜻에 순종하기도 원하지 않는다면, 영생을 소유한 자일 수 없습니다.

여러분이 순종하는 자녀가 되고 싶고 행동으로 그 마음을 보여 준다면, 여러분 안에 신적 생명이 있는 것입니다. 여러분 자신을 판단해 보세요.

여러분의 삶의 대의(大義)가 순종적입니까, 불순종적입니까?

열매로 나무 뿌리와 나무 수액의 상태를 측정할 수 있습니다.

그러나 여러분의 순종이 기껍고 자원하는 것이 되어야지 억지가 되면 안 됩니다.

의심할 여지 없이 어떤 이들은 잠시 동안 하나님의 계명을 순종하기는 하나 그저 마지못해합니다.

그들은 하나님의 계명들에 고개를 숙이며 순종하는 척하나 마음으로는 좋아하지 않습니다. 경건의 여러 제약 때문에 괴롭고 그것들을 결로 좋아하지 않습니다. 이는 그들이 위선자들임을 보여 줍니다. 여러분은 하나님 앞에서 실제로 여러분이 하고 싶은 것을 하고 있습니다. 만일 어느 사람이 거룩함과 같은 것을 억지로 마지못하게 수용한다면, 그것은 진실한 거룩함이 아닙니다.

제 설교를 듣고 있는 여러분!

여러분이 죄의 범주에 아직 넘어간 것은 아니나 할 수만 있다면 그렇고 싶다 합시다. 그런 소원이 여러분의 실상을 보여 줍니다. 죄악의 즐거움을 향해 나아가고 있으면서도 자신들을 그리스도인들로 여기는 이들에 대해 저는 듣습니다. 그들이 말하는 대로, 그들은 죄를 지으면서 약간의 즐거움을 누리고 있습니다. 그것은 그 사람들이 어느 영역에 속하여 있는지를 드러내고 있는 셈입니다.

세상의 즐거움을 누리고 있으면, 여러분은 세상에 속한 사람들입니다. 그리고 여러분은 세상과 함께 정죄를 받을 것입니다. 만일 하나님의 계명들이 여러분에게 무거운 것이라면, 마음으로는 하나님께 반역을 꾀하고 있는 셈입니다.

"그의 계명은 무거운 것이 아니로다."

왕의 신하들이 왕의 법을 즐거워한다면, 그 법을 무거워할 수 없습니다.

"그의 계명들은 무거운 것이 아니로다."

오, 우리가 생각과 말과 행동으로 완전하게 하나님을 순종할 수 있다면 얼마나 좋을까!

이것이 바로 하늘을 바라보는 우리의 관점입니다.

우리가 죄를 없앨 수만 있다면 슬픔을 없애 주십사고 주님께 구하는 일은 거의 없을 것입니다. 만일 우리가 마땅한 바를 조금이라도 소홀히 하는 실수를 범하지 않고 살 수만 있다면, 어느 무거운 짐도 기꺼이 질 수 있을 것입니다. 우리가 흠이 없을 때 한 점의 슬픔도 없을 것입니다. 하나님의 계명들은 무거운 것이 아닙니다. 하나님의 계명들은 우리에게 즐거움과 평안의 길입니다.

여러분이 하나님의 방식들을 사랑하고 거룩함을 소원하고 그 거룩한 길을 따라 기쁨으로 가고 있다고 느낍니까?

그렇다면 사랑하는 친구 여러분은 영생을 가졌고, 영생에 대한 분명한 증거들을 갖고 있습니다. 순종, 성결, 하나님을 즐거워함은 하늘의 손이 건드리지 않고는 사람의 마음에 들어온 적이 없습니다. 그런 것들이 발견되는 곳마다 주님이 영생을 심어 놓으신 증거를 보이는 것입니다. 그런 것들은 너무 보배로워 죽은 영혼 속에 묻혀 보이지 않게 있을 수 없습니다.

요한은 그런 다음에 세 증인을 언급합니다.

> 증언하는 이가 셋이니 성령과 물과 피라 또한 이 셋은 합하여 하나이니라 (요일 5:7, 8).

여러분은 성령을 압니까?
하나님의 성령께서 여러분을 살리셨고, 변화시키셨고, 빛을 비추어 주셨고, 거룩하게 변화시키셨습니까?
여러분 안에 새 생명의 본질이 있습니까?
성령께서 빛과 권능으로 여러분을 옷 입히셨음을 압니까?

만일 그러하다면, 여러분은 하나님에 대해 살아 있습니다.

다음으로 여러분은 물과 그리스도의 돌아가심의 정결하게 하는 권능을 압니까?
십자가에 못 박히신 주님이 여러분의 죄를 십자가에 못 박았습니까?
물이 여러분에게 적용되어 죄의 권능을 제거합니까?
하나님을 경외함으로 여러분이 완전한 거룩함에 이르기를 갈망합니까?

이것이 바로 여러분에게 영생이 있음을 증거 합니다.
여러분이 그리스도의 피도 아시지요?
이 시대는 그리스도의 보배 피를 거의 생각하기 싫어하는 곤고한 세대입니다. 최근에 기독교 설교자라고 하는 이들 중에 그리스도의 보배 피에 대해 말한 가공할 만한 내용을 생각하기만 해도 제 마음이 거의 무너질 것 같고 제 몸이 쇠약해질 지경입니다.

사랑하시는 친구 여러분!

죄를 지고 없앤 그리스도의 피의 권능, 우리 양심에 평안을 말하며 은혜의 보좌에 나아감을 얻게 하는 피의 권능을 알지요?

여러분은 주님의 성만찬에서 포도나무 열매의 진액으로 제시되는 그리스도의 피가 우리 영혼을 살리고 회복시키고 격려하는 힘을 준다는 것을 알지요?

그렇다면 이 세 증언자의 입이 여러분이 영생 얻은 자라는 사실을 완전하게 확증하고 있습니다.

여러분 안에 계신 성령은 여러분의 영원한 기업의 보증입니다. 물이 여러분을 씻었다면 여러분은 주님의 것입니다.

예수님이 베드로에게 말씀하셨습니다.

> 내가 너를 씻어 주지 아니하면 네가 나와 상관이 없느니라(요 13:8).

그러나 여러분이 물로 씻음을 받았다면, 여러분은 주님의 것입니다.

그리스도의 보배 피가 여러분의 죄책을 정결하게 했다면, 그 피가 사망에 속한 여러분을 산 것입니다. 그리고 그 피가 여러분에게 영생의 보증입니다. 여러분이 바로 이 순간부터 하나님의 이 세 등불을 함께 누리게 하시기를 주님께 기도합니다.

> 증언하는 이가 셋이니 성령과 물과 피라 또한 이 셋은 합하여 하나이니라 (요일 5:7, 8).

그리하여 여러분이 믿음의 완전한 확신을 두게 되기를 원합니다.
한 가지 더 주목하고 싶습니다. 요한일서 5장 9절의 말씀을 읽어 보세요.

> 만일 우리가 사람들의 증언을 받을진대 하나님의 증거는 더욱 크도다(요일 5:9).

사도는 우리가 하나님의 증거를 받은 것을 근거하여 우리 믿음과 확신을 표현하고 있습니다. 제가 만일 이것이나 저것 때문에 내가 구원받았다고 믿는다면, 실수할 수 있습니다. 오직 유일한 확실한 근거는 '하나님의 증거'입니다. 그리스도인 믿음의 내밀한 핵심은 하나님의 말씀에 따라 하나님을 받는 것입니다. 그래서 우리가 하나님의 말씀을 받아야 합니다.

하나님의 말씀 진술이 그럴듯하다거나 과학과 철학의 증거와 일치하니 하나님의 말씀을 받는 것이 아닙니다. 오직 단순하게 주 하나님이 그리 말씀하셨기 때문에, 우리는 그 말씀을 받는 것입니다.

신앙을 고백하는 많은 이가 슬프게도 이 요점에 미치지 못하고 있습니다. 그들은 하나님의 말씀 앞에 머리를 숙이지 않고 감히 말씀을 판단하려 듭니다. 그들은 구주의 발아래 앉지 않고 도리어 스스로 박사가 됩니다.

제가 하나님께 감사하는 것은, 하나님의 말씀 이치가 깨달아지든지 아니든지 하나님이 말씀하신 모든 것을 다 믿기 때문입니다. 제게 있어서 주님의 입이 말씀하셨다는 것이 주님을 위하거나 반대하거나 간에 모든 쟁론의 중심에 서 있습니다. 여호와 하나님이 그리 말씀하신 것이면 그것이 진리입니다.

여러분이 하나님의 증거를 받습니까?

그렇지 않다면 여러분은 하나님을 거짓말쟁이로 만드는 셈입니다. 그러면 진리가 여러분 안에 없습니다. 여러분이 '하나님의 증거'를 받았으면, 증거는 다음과 같습니다.

> 또 증거는 이것이니 하나님이 우리에게 영생을 주신 것과 이 생명이 그의 아들 안에 있는 그것이니라(요일 5:11).

제가 다시 말합니다. 만일 여러분의 믿음이 사람의 지혜를 의지해 서 있거나 설교자의 영리함에 근거하여 있다면, 그 믿음은 여러분을 실망하게 할 것입니다. 그러나 여러분의 믿음이 주님의 확실한 말씀 위에 서 있다면, 그 믿음이 영원히 서 있을 것입니다. 그리고 이것이 여러분이 영생하고 있음을 보여주는 특별한 표징이 될 수 있습니다.

더 나아가 요한은 우리가 우리의 영적 생명이 영원하다는 것을 알게 하려고 편지를 쓴 것입니다. 부디 이 점을 주목하세요. 하나님의 자녀 중에는 이 용기를 주는 교훈을 아직 배우지 못한 이들이 있다는 사실입니다.

영혼 안에 있는 하나님의 생명은 일시적이 아니라 영구적입니다. 잠시 있다가 없어지는 것이 아니라 영원합니다. 어떤 이들은 신자의 영혼 안에 있는 하나님의 생명이 죽어 없어질 수도 있다고 생각합니다.

그러나 그런 생명이 어떻게 영원할 수 있나요?

죽어 버리는 것은 영생일 수 없습니다. 그 생명이 영원하다면, 죽을 수가 없습니다. 현대 속이는 자들은 '영원'을 영원 그 자체로 보기를 부인합니다. 그러나 여러분과 저는 성령께서 사용하시는 단어에서 의미들을 빼버리는 법을 배우지 않았습니다. 우리는 '영원'이 한이 없음을 뜻함을 믿으며, 영원한 생명에는 끝이 있을 수 없다고 믿습니다. 제가 영생을 가졌다면, 영원히 살 것을 확신합니다.

형제들이여!

주님이 우리가 우리에게 영생이 있음을 알게 하시기를 원합니다.

영적으로 새롭게 태어날 때 하나님이 우리에게 주신 생명의 영원을 배우십시오. 그 생명이 하나님의 생명이기 때문에 그 생명이 영원할 수밖에 없습니다. 성령께서 살아 있고 썩지 않을 씨, 우리 안에서 살아 영원히 거하는 씨로 인해 우리를 거듭나게 하셨습니다.

우리는 다음과 같은 말씀을 듣습니다.

> 이로써 그 보배롭고 지극히 큰 약속을 우리에게 주사 … 신성한 성품에 참여하는 자가 되게 하려 하셨느니라(벧후 1:4).

분명히 말하건대, 이는 우리가 죽지 않는 생명을 받았음을 뜻합니다. 왜냐하면, 불멸성은 하나님의 생명 진수에 속하기 때문입니다. 하나님의 이름은 "나는 스스로 있는 자다"(I am who I am.)입니다.

하나님은 자신 안에 생명을 갖고 계십니다. 성자께서도 자신 안에 생명을 갖고 계십니다. 우리가 바로 그 생명을 받았습니다. 하나님이 그 아들에 관해 세우신 목적은, 아버지께서 아들을 주신 자에게 영생을 주시려 함이었습니다. 신자 안에 있는 하나님의 생명이 그러하다면, 그 점은 너무나 확실합니다.

하나님이 우리를 거듭나게 하셨고, 그 생명은 영원할 것임이 분명합니다. 우리가 하나님의 자녀로 하나님의 생명에 참여했으니, 우리가 하나님의 상속자로서 하나님의 영원성도 물려받습니다.

> 영생은 이것이니 참 유일하신 하나님과 그가 보내신 자 예수 그리스도를 아는 것이니다(요 17:3).

사랑하는 여러분!

우리 주 예수 그리스도께서 자기 백성들이 가진 생명을 영생이라고 부르셨습니다. 제가 그 요한복음 10장 28절의 말씀을 얼마나 자주 인용하는지요! 그 말씀이 내 혀끝에 붙어 있는 듯합니다.

> 내가 저희에게 영생을 주노니 영원히 멸망치 아니할 터이요 또 저희를 내 손에서 빼앗을 자가 없느니라(요 10:28).

> 아들을 믿는 자는 영생이 있고(요 3:38).

그 생명은 잠시 있다가 없어지는 것이 아닙니다. 한창 자라다가 늙어 죽어 버리는 그런 생명이 아니라 영원한 생명입니다. 이것이 믿는 자의 영혼 안에 있는 그리스도의 생명입니다.

> 이는 너희가 죽었고 너희 생명이 그리스도와 함께 하나님 안에 감추어졌음이라(골 3:3).

> 내가 그리스도와 함께 십자가에 못 박혔나니 그런즉 이제는 내가 사는 것이 아니요 오직 내 안에 그리스도께서 사시는 것이라(갈 2:20).

우리의 생명이 그리스도의 생명이라면, 그리스도께서 죽지 않으시는 한 우리의 생명도 죽지 않을 것입니다. 우리 생명이 그리스도 안에 감춰 있다면, 그 생명이 파멸된 것으로 발견될 리가 없습니다. 그리스도께서 친히 파멸되지 않으시니 말입니다. 우리가 그 진리 안에서 안식합시다.

우리 주님이 그 진리를 어떻게 표현하셨는지 다시 주목해 봅시다.

> 조금 있으면 세상은 다시 나를 보지 못할 터이로되 너희는 나를 보리니 이는 내가 살았고 너희도 살겠음이라(요 14:19).

예수님이 살아 계시는 한 예수님의 백성들도 반드시 살아 있어야 합니다. 왜냐하면, 그 논리는 언제나 동일하기 때문입니다.

> 이는 내가 살았고 너희도 살겠음이라(Because I live, you will live also.)

머리가 살면 지체들도 죽을 수 없는 것같이, 우리는 그리스도와 하나입니다. 우리가 그렇게 그리스도와 연합되어 있으니, "누가 우리를 그리스도의 사랑에서 끊으리요"(롬 8:35). 우리를 끊을 것같이 위협하는 여러 가지 것을 열거한 사도는 그런 어느 것도 우리를 그리스도의 사랑에서 끊을 수 없다고 말합니다.

> 그러나 이 모든 일에 우리를 사랑하시는 이로 말미암아 우리가 넉넉히 이기느니라(롬 8:37).

우리가 살리심을 받아 하늘에 속한 신적 생명을 갖게 되었으니 우리가 결코 죽을 수 없다는 것이 분명하지 않습니까?
사랑하는 여러분!
제가 간청합니다.
성도의 견인(堅忍)이라는 복된 교리를 꼭 부여잡으세요.

저는 '여러분에게 영생이 있음을 여러분이 알게 되기를' 얼마나 갈망하는 지요!

그리스도 안에서 지금은 살아 있으나 내일은 죽을 수도 있다는 교리를 집어 던지세요. 그 교리는 정말 가련하고 사람을 비참하게 하는 교리입니다!

영원한 사랑으로 영생하기까지 여러분에게 하신 하나님의 영원한 언약을 굳게 잡으세요, 하나님의 성령께서 하나님의 아들을 믿는 여러분에게 이 내용을 기록으로 남기게 하신 것은 여러분이 영생을 가졌음을 알게 하시려 함이었습니다.

요한은 그들의 믿음이 더해지고 확고해지기를 원했습니다.

> 너희가 계속 하나님의 아들을 믿는 믿음을 계속하게 하려고 이것을 쓴다는 식으로 사도 요한은 말한 것입니다. 요한이 믿는 이들에게 편지를 쓴 것은 보다더 강조적인 의미로 믿음을 가지게 하려 함이었습니다. 우리의 구주께서 오신 것은 우리로 '생명을 얻게 할' 뿐 아니라 '더 풍성히 얻게 하려 하심' 이었습니다(요 10:10).

사랑하는 여러분!
와서 잠시 이 말씀을 들어 보세요!
여러분이 믿음의 은유를 가지고 있습니다. 그러나 하나님은 여러분이 구원의 확신 그림을 갖게 하실 뜻을 가지고 계십니다.
하나님은 여러분의 믿음을 더하게 하려 하십니다.
여러분이 더 광대하게 믿기 바랍니다.
아마 여러분이 모든 진리를 다 깨닫지 않았기에 모든 진리를 믿지 않는다는 자세를 가질 수도 있습니다.

고린도 교회 안에는 죽은 자의 부활을 믿지 않은 이들이 있었습니다. 갈라디아 교회 안에는 믿음으로 말미암아 은혜로 의롭다 하심을 얻는다는 이신칭의(justification by faith) 진리에 대해 매우 회의적인 이들이 있었습니다.

많은 그리스도인이 주님의 마음을 몰라서 좁은 영역만 믿는 자세를 취하고 있습니다. 이스라엘의 어떤 지파같이 그들은 아직 부족한 영토만을 정복한 것 같은 모습입니다. 사실은 단에서부터 브엘세바에 이르기까지의 온 땅이 이스라엘 영토였는데도 말입니다.

요한 사도는 우리가 친 울타리를 밀어붙이고 우리 믿음의 영토를 넓히게 하고 싶었습니다. 우리는 하나님이 계시하신 모든 것을 믿읍시다. 왜냐하면, 모든 진리마다 다 보배롭고 실제로 쓸모가 있기 때문입니다.

아마 교리적으로는 믿으나 그 믿음이 가련하고 연약한 상태에 있었을 것입니다.

오, 주님이 물이 변하여 포도주가 되게 하여 주시기를 바랍니다!

여러분 가운데 많은 사람이 젖을 먹고 있습니다. 이제 여러분이 믿어 온 연수가 많이 되었으니 고기를 먹을 때가 되었습니다.

이렇게 성인이 되었는데도 어린 아기의 식단을 고집하나요?

믿는 여러분에게 하나님의 계시 전체를 두루 살피며 "나가고 들고 하며 푸른 초장을 찾으라"는 권고의 말씀이 들리지요.

여러분의 믿음의 심도(心度)가 깊어지면 여러분에게 좋습니다.

오, 여러분이 지금 믿고 있는 바를 더 충분하게 믿을 수 있으면 얼마나 좋을까요!

우리에게는 더 깊은 통찰력과 더 확고한 확신이 필요합니다. 우리는 절반만 믿어서는 안 됩니다. 우리 중 어떤 이가 그렇게 하는 것같이 말입니다. 여러분 중에 많은 이가 들은 진리의 연못 수면만 스치고 지나갑니다. 생명의 강

표면을 날개로 스치고 지나가도 복이 있습니다. 그러나 그 강의 깊은 곳에 풍덩 빠지면 더 복됩니다. 이것이 사도 요한이 여러분을 향한 바람이었습니다. 마음과 영혼과 힘을 다해 주님을 믿기 바라는 간절한 마음이 사도 요한에게 있었습니다.

사도 요한은 여러분이 더 일관성 있는 믿음을 가지기를 원했습니다. 그래서 여러분이 이렇게 말하게 되기를 바랐습니다.

> 하나님이여 내 마음이 확정되었고 내 마음이 확정되었사오니 내가 노래하고 내가 찬송하리이다(시 57:7).

그런데 우리는 항상 그런 상태가 아닙니다. 때로는 소심하여 겁을 냅니다. 오늘은 남자다운 믿음이었다가 내일은 생쥐 같은 꼴입니다.

주님!

우리를 긍휼히 여기소서.

우리는 일관성이 빈약한 사람들입니다. 바람처럼 정함이 없습니다. 주님이 우리로 항상 강하고 확신 있게, 주님 안에 뿌리가 박히고 견고하게 서 있게 하시기를 바랍니다.

주님이 우리로 담대하게 믿게 하시기를 바랍니다. 어떤 이들은 작은 일들에 대해 적은 방식으로 믿을 수 있습니다.

오, 무한하신 하나님을 한없이 믿는 믿음의 복됨이여!

우리는 믿음의 모험을 더 할 필요가 있습니다. 감히 할 수 없어 보이는 것을 하는 믿음 말입니다. 흔히 우리는 권능의 방식을 봅니다. 그러나 그에 상응하는 믿음은 가지지 않습니다.

물 위를 걷는 베드로를 보세요.

저는 여러분 중 누구에게도 그렇게 해 보라고 권유하고 있는 것은 아닙니다. 우리 주님도 베드로에게 그렇게 해 보라 충고하지 않으셨습니다. 우리는 땅에서 바르게 걷기만 하면 충분합니다.

그러나 베드로가 물 위에 몇 발자국을 떼어 놓았을 때 주님이 그로 나머지 걸음도 도우실 수 있음을 마땅하게 믿어야 했습니다. 그러나 안타깝게도 그만 그의 믿음이 떨어졌고, 물속으로 가라앉기 시작했습니다. 만일 그가 줄곧 믿기만 했다면 내내 물 위를 걸어 예수님께 이를 수 있었을 것입니다.

우리도 마찬가지입니다. 우리의 믿음이 처음 분출될 때는 훌륭합니다. 계속 그 믿음을 지탱할 힘이 약합니다.

오, 하나님 우리에게 믿음을 더하시어 우리가 파고 한 둘만 극복하는 것이 아니라 끝까지 물 위를 걷게 하소서!

만일 주님이 명하시면 여러분은 불 가운데 지날지라도 불이 여러분을 사르지 못하며, 물 가운데로 지날지라도 익사하지 않을 것입니다. 그렇게 겁 없고 이기는 믿음을 주님이 우리 안에 일으키시기를 바랍니다.

우리가 더 실천적으로 되기 위해 믿음을 더할 필요가 있습니다. 어떤 이들은 세련된 새 믿음을 가졌습니다. 마치 배의 객실 안에 비치된 밝은 포커 놀이 카드같이 예쁘게 말입니다. 그러나 쓸모없습니다. 우리에게는 그저 바라보는 것이 아닌 쓸모 있는 믿음이 매일 필요합니다.

형제자매 여러분!

우리에게는 응접실과 전시용 온실만을 위하지 않고 부엌과 식료품상을 위한 믿음이 필요합니다. 기도회의 믿음만 아니라 작업장의 믿음도 필요합니다. 일상의 믿음만 아니라 죽음을 직면하게 하는 여러 시험거리에 대한 믿음도 필요합니다. 우리가 더 많은 힘을 가졌으면 적은 페인트를 가지고도 작업을 할 수 있습니다. 우리는 밖으로 광(光)은 덜 나도 실질적으로 참된 것이 더 필요합니다. 하나님이 일상의 삶 속에서 몸에 맞아 착용하기 쉽고 세탁할 수 있고 작업에 쉬운 옷과 같이 건전하고 사려 깊은 믿음으로 하나님 아들의 이름을 믿게 하시기를 바랍니다.

우리가 기쁨에 찬 믿음을 더할 필요가 있습니다.

믿음의 안식과 기쁨에 이르게 될 때 그 복을 무엇에 비할 것입니까?

만일 우리가 참으로 하나님의 약속을 믿고, 주님이 그 약속을 반드시 이루실 것을 믿고 안식하면, 천사같이 행복해질 수 있습니다. 저는 매일 아침 일찍 새들이 노래하기 시작하는 것을 늘 주목합니다.

해가 떠오르기 전, 아니 새벽의 빛이 희미하게 나타나기 시작하면 작은 노래 새들이 일어나 노래하기 시작합니다.

해가 떠서 중천에 오르다 못해 정오가 가까운데도 노래하기를 거절하는 일이 흔한 우리의 모습이라니, 부끄럽지 않습니까?

우리가 하나님을 열고 믿지 않을 것입니까?

장차 주실 은혜를 인해 하나님을 찬미하지 않을 셈입니까?

오, 밤이든 겨울이든 노래할 수 있는 믿음을 주옵소서!

하나님의 하신 약속을 의존하고서도 살 수 있는 믿음이 바로 택한 백성들의 믿음입니다. 흔들림 없이 믿기까지는 지상에서 하늘의 복락을 결코 누리지 못할 것입니다. 주께서 여러분에게 그런 믿음을 주시기를 바랍니다.

2. 사도 요한의 목적을 분석함

요한 사도가 우리가 영생 얻은 자임을 알기를 우리에게 바랐다면, 그가 바란 대로 우리가 영생 얻은 자임을 알아보기로 합시다. 요한복음의 말씀이 바로 그 목적을 위해 기록된 것입니다. 그러니 우리가 영생 얻은 사실을 알고 바른 용도로 그 진실을 활용하도록 합시다. 요한복음 성경 전체를 기록한 목적은 여기에 있습니다.

> 오직 이것을 기록함은 너희로 예수께서 하나님의 아들 그리스도이심을 믿게 하려 함이요 또 너희로 믿고 그 이름을 힘입어 생명을 얻게 하려 함이니라 (요 20:31).

요한일서는 믿는 이들에게 보낸 편지입니다.

> 내가 하나님 아들의 이름을 믿는 너희에게 이것을 쓰는 것은 너희로 하여금 너희에게 영생이 있음을 알게 하려 함이라 (요일 5:13).

여러분은 성경이 실패한 책으로 여러분에게 보이길 원합니까?
성경을 항구적으로 의심하면서 살려 합니까?
그렇다면 성경은 여러분과 상관없는 빗나간 화살 같습니다.
성경을 보내신 하나님의 목적은 여러분으로 하여금 자신이 영생을 소유한 사실을 온전히 확신케 하려 하심이었습니다.
그러므로 여러분 편에서 구원의 확신하려 함이 주제넘게 꿈을 꾸는 것인가요?

우리 양심은 우리가 구원에 대한 완전한 확신을 구해야 마땅하다고 우리에게 말합니다. 우리가 하나님의 자녀라고 하면서 우리 아버지를 모른다 하면 옳은 일일 수 없습니다.

하나님이 우리 아버지이신 줄 알지 못하면서 우리가 무릎을 꿇고 "하늘에 계신 우리 아버지"라고 말할 수 있습니까?
도리어 의심하면서 사는 것이 거짓의 삶이 아닐까요?
우리 양심에 진실 되지 않은 말을 하는 것이 좋을까요?
여러분에게 참되지 않다고 여기며 두려워하는 찬송을 기쁘게 부를 수 있을까요?
하나님이 여러분의 아버지라는 것을 진심으로 알지 못하면서 예배에 참여할 것입니까?
양자(養子)의 영께서 여러분이 "아바, 아버지"라고 능히 부르게 하시기까지, 하나님을 향한 여러분의 사랑은 어디에 있나요?
그런 경우에 안식할 수 있나요?
자신이 구원받았는지 아닌지 확실하지 않은 상태에서 안식을 누릴 수 있겠습니까?
자신의 영혼이 영생을 누리고 있음에 대해 확실하지 않은 상태에서 오늘 밤 집으로 가 저녁을 맛있게 먹을 수 있겠습니까?

오, 오, 그 문제가 해결되지 않은 위험한 상태를 무릅쓰는 무모함을 범하지 마세요!
제발 영원한 문제는 확실하게 해 두세요. 만일 여러분이 다른 어떤 것을 확실하게 해 두지 않으면, 여러분의 몸이나 재산상에 손해가 될 수 있습니다. 그러나 그런 문제가 여러분의 영혼에 관한 것은 아닙니다. 양심은 여러분이 정말 영생을 가졌는지 자세하게 알아보라고 명합니다. 왜냐하면, 그것을 알지 않고 다른 일들에 충실해도 완전한 의무 수행이 될 수 없기 때문입니다. 제가 다 인용할 수 없는 많은 성경 구절이 바로 영생의 문제에 대해 충실하라고 여러분을 분발하게 합니다.

> 그러므로 형제들아 더욱 힘써 너희 부르심과 택하심을 굳게 하라(벧후 1:10).

성경은 천 번도 더 주님 안에서 기뻐하고 쉬지 말고 감사하라고 권하지 않나요?

그러나 자신이 하나님의 생명을 가지지 않았을 것이라는 어두운 의심이 여러분을 따라 다니고 있는데 어떻게 기뻐할 수 있습니까?

여러분은 바로 이 문제를 정립해야 합니다. 그렇지 않으면 주님 안에서 안식하며 주님을 인내함으로 기다릴 수 없습니다.

형제자매 여러분!

제가 여러분에게 간청합니다. 성경을 따라 우리 주님의 교훈에 순복하면서 구원의 확신을 얻으세요. 그것 없이는 주님의 가르침에 순종할 수 없습니다.

이 설교를 마무리하면서, 어째서 신자마다 자신이 영생을 가졌음을 알기를 구해야 하는지 그 이유 덩어리를 말씀드릴 테니 청종하세요. 여기 그 이유를 소개합니다.

자신의 구원을 확신하면 "지각에 뛰어난 하나님의 평강"을 가지게 될 것입니다. 만일 자신이 구원받은 것을 알면, 궁핍할 때나 병들거나 자신을 험담하는 다른 이들의 말을 듣거나 할 때도 가만히 앉아서 완전하게 만족을 느낄 수 있습니다.

완전한 구원의 확신은 하늘에 속한 신랑께서 자신의 신부를 아름답게 꾸미는 보석 중에서 코이누르(Koh·i·noor, 1849년 이래 영국 왕실 소장의 유명한 106캐럿의 인도산 다이아몬드)입니다. 구원의 확신은 향기가 가득한 산이요, 젖과 꿀이 흐르는 땅입니다. 영생을 소유한 자신의 지위를 확신하는 것은 별들이 비취는 낙원을 발견하는 것입니다. 그 낙원에서 산과 언덕들이 그 확신하는 자들 앞에서 노래를 발할 것입니다.

완전한 구원의 확신은 즐거움의 폭포수로 넘치게 할 것입니다.

평강은 강같이 흐릅니다. 그러다가 여기저기서 기쁨의 폭포들을 재연합니다. 평강의 나무가 꽃을 피울 때 몰약과 계피 향과 같은 향기를 풍기는 계절들도 있습니다.

오, 자신이 영생 얻었음을 아는 사람의 복됨이여!

때로 우리가 혼자 방에서 이 확신을 누리고 있을 때 크게 소리쳐 웃습니다. 그렇게 하지 않고는 견딜 수 없기 때문입니다.

만일 어떤 사람이 무엇 때문에 혼자 웃고 있는지 이유를 몰라 궁금해하는 이가 있다면, 우리를 감동하게 하는 것이 있다면 그것은 결코 우스꽝스러운 것은 결코 아닐 것이라고 설명할 수 있습니다. 우리 입에 웃음이 가득한 것은 주 하나님이 우리를 위해 큰일들을 행하셨기 때문입니다.

자신이 영생을 소유했음을 아는 하나님의 자녀는 학교에 갑니다. 그 학교에 많은 공휴일을 가집니다. 그리고 자기의 사랑하시는 아버지의 얼굴을 영원히 뵐 집으로 가는 날을 기대합니다.

형제 여러분!

충만한 확신은 우리에게 복음의 완전한 결실을 줄 것입니다. 복음은 마땅하게 우리를 거룩하게 합니다. 그래서 복음은 우리가 완전하게 거룩하게 되는 날을 불러올 것입니다. 복음은 우리를 세상과 분리해야 마땅합니다. 그래서 복음은 지상에서도 우리가 천상적인 삶을 영위하게 만들어야 마땅합니다. 우리가 복음을 깊이 들이마시면 그렇게 될 것입니다. 그러나 복음을 조금씩만 맛보면, 복음이 우리 안에서 그 복음 계획을 실행할 기회를 얻지 못하게 됩니다.

생명수 강가를 따라 철벅거리지 말고 대번에 무릎까지 차는 데까지 강 속으로 걸어 들어가세요. 그런 다음에 서둘러 물속으로 자신의 몸을 던져 헤엄을 치세요. 얕은 은혜로 만족하지 마세요. 하나님의 은혜에 여러분 자신을 맡김으로써 그 하나님의 은혜가 여러분을 위해 무엇을 할 수 있는지 증험하세요.

완전한 확신은 자기가 사랑하는 하나님의 은혜에 감사하여 하나님의 일에 큰 열심을 내게 합니다. 이런 자들이 바로 예수님을 위해 콩고에까지 가서 복음을 전할 자들입니다. 이들은 자기들의 주님의 것임을 알고 있기 때문입니다. 이런 이들이 그리스도 주님을 위해 자기들의 모든 것을 내려놓을 사람들입니다. 그리스도께서 그들의 것이기 때문입니다.

이들이 바로 진리를 위해 조소와 수치와 오해를 참아 낼 자들입니다. 그들은 자기들이 영생을 소유했음을 아는 이들입니다. 사람들은 의심하는 것을 위해서는 거의 일을 하지 않을 것입니다. 그러나 자기들이 믿는 바를 위해서는 많은 것을 합니다. 여러분이 자기 집의 소유권을 잃어버려 그 집이 자기 것인지 아닌지를 모르는 상태라면, 그 집을 수리하거나 늘리기 위해 많은 돈을 쓰지 않을 것입니다.

하늘이 여러분의 집인 줄을 알면, 하늘을 위해 준비하는 데 열심일 것입니다. 구원에 대한 완전한 확신은 열심을 먹일 연료를 찾게 만듭니다.

완전한 구원의 확신은 인내를 창조하고 지탱해 줍니다. 영생을 얻은 자기 뜻을 하면, 우리는 지나가는 이 세상의 삶에서 만나는 시련들 때문에 안달하지 않습니다. 오늘 이 아침에 저는 아파서 교회 나오지 못하고 집에 계신 여러자매를 언급할 수 있습니다. 그들이 아프고 연약한 중에도 잘 참는 모습을 보면 정말 기이합니다. 제가 그들에 대해 알고 있는 한 가지가 있습니다. 그들은 자기들이 그리스도께 참여했다는 것을 절대 의심하지 않습니다. 왜냐하면, 바로 그 대의(大義)를 위해 그들은 자기들을 위해 십자가에서 달려 찔림 받으신 분의 손에 자신들을 넘겨 드렸습니다. 그들은 자기들이 주님의 것임을 알고 있습니다. 그래서 그들은 말합니다.

"주님이 보시기에 좋으신 대로 하세요."

사랑하시는 동지 여러분!

이것이 바로 하나님의 진리에 대한 부단하고 확고한 신앙고백을 하게 여러분을 인도할 것입니다. 아직도 자신이 구원받았는지 아닌지 확실하게 알지 못하는 분들을 주님이 지키시어 믿음을 부인하지 않게 하시기를 바랍니다. 그러나 믿음을 견고하게 붙잡고 있는 이들은 그 믿음을 절대 버리지 않을 것입니다.

만일 우리가 은혜로 말미암아 우리 안에서 벌어진 일을 알고, 그 은혜의 지탱하는 힘을 확신한다면, 세상이 우리를 이길 수 없습니다. 자신의 구원을 완전하게 확신하는 사람은 바로 마귀를 패퇴시킵니다. 사탄은 교활하기 그지없습니다. 그러나 자기의 구원을 알고 확신하는 사람은 마귀가 쳐 놓은 지옥의 덫으로 잡을 수 없는 새들입니다.

여러분의 주님이 능히 여러분이 의탁한 것을 그날까지 능히 지키실 것을 알면, 여러분은 반석같이 견고합니다.

하나님이 여러분으로 그런 믿음의 사람이 되게 하시기를 바랍니다.

사랑하시는 형제 여러분!

구원의 확신은 여러분이 능히 여러분 주님을 위해 말로 증언할 수 있게 해 줄 것입니다. 진리인지 아닌지 모르는 것들을 설교하는 것은 아무 소용이 없습니다. 저 보고 무섭기 짝이 없는 교리주의자라고 비난하는 이들이 있습니다. 그래도 저는 변명하고 싶지 않습니다. 사람이 어떤 일을 확신하지 못하면, 점점 더 자유분방해져 갑니다. 자신의 것이라고 주장할 수 없는 돈은 누구든지 아끼지 않습니다.

교리와 상관없이 폭넓게 가르친다는 학교의 선생은 말합니다.

"나는 확신하지 못한다. 여러분도 확신한다고 가정하지 않는다. 사실 확실한 것은 아무것도 없기 때문이다."

이 모래 위에 세운 집이 여러분에게 어울리나요?

저는 반석이 좋습니다. 제가 젊을 때부터 지금까지 시험하고 검증하려 하면서 제 입으로 여러분에게 말씀드려 온 것들은 절대적 확실성을 가진 것들입니다. 저 자신의 체험으로 그 진리 됨을 확인했습니다. 저는 그것들을 시험해 보았고, 그것들이 저를 구원했고, 그래서 저는 그것들을 의심할 수 없습니다.

만일 제가 여러분에게 설교해 온 복음이 진리가 아니라면 저는 구원받지 못한 자입니다. 그리고 그렇다면 심판 날에 하나님께 받을 선고밖에는 기대할 것이 없습니다.

저는 의심하면서 설교하지 않습니다. 왜냐하면, 저는 주저하는 방식으로 살지 않기 때문입니다.

제가 진리라고 여러분에게 말한 것이 무엇인지 압니다.

내가 확신하지도 못하는 것을 말해야 합니까?

만일 이 같은 날에 간증하고 싶다면, 자신이 확신하는 무엇을 가지고 있어야 합니다. 확신하는 것을 가지기까지는 혀를 붙들어 두라고 충고하는 바입니다. 우리는 더 이상의 질문은 던지지 않으렵니다. 시장에는 팔 물건이 넘칩니다. 더 이상 의심이나 정직이나 부정직을 따질 필요가 없습니다. 공중에는 이런 말들로 넘쳐납니다.

형제 여러분!

만일 여러분이 영생 얻은 것을 알면 살 준비와 죽을 준비가 된 셈입니다.

저는 우리 교회 지체 중에 죽어 가는 이들의 병상에 자주 섰습니다. 저는 매 순간 지금도 제게 말하고 있습니다.

"나는 분명 겁 많은 어떤 사람을 만날 것이다. 나는 어둠 속에서 죽어 가는 어떤 하나님의 자녀를 만날 것이다."

기이한 옛 청교도 목사인 다드에게 어느 사람이 말했답니다.

"우리 형제가 어둠 속에서 세상을 떠나다니 얼마나 슬픈가요! 목사님은 그가 안전하게 하늘에 갔는지 의심이 들지 않으시나요?"

다드 목사님은 "아닙니다"라고 말했습니다.

"죽어 가시면서 '나의 하나님, 나의 하나님, 어찌 나를 버리셨나이까?' 하시던 분의 안전을 의심하는 일이 불가한 것같이 말입니다."

우리가 앞에서 말한 바와 같이, 완전한 구원의 확신이 구원의 본질은 아닙니다. 그런데도 저는 여러분에게 이 요점을 주목하라고 간청하는 바입니다. 그렇게 오랜 세월 동안 죽음의 병상에 있던 우리 형제자매들을 찾아 심방하던 경우마다 저는 항상 그들이 영광 중에 계신 주님의 얼굴을 뵐 확실한 소망을 두고 세상을 떠나는 것을 보았습니다.

저는 예외 없이 그런 일이 있었음을 인해 놀랐습니다. 그리고 그것을 자랑합니다. 운명(殞命)의 병상에 있던 그들이 흔히 이렇게 말했습니다.

"우리가 그렇게 훌륭한 양식을 먹어 이렇게 주님 안에서 강하게 되었어요."

하나님이 여러분 모두에게 이런 확신을 허락해 주시기를 바랍니다. 하나님이 죄인들로 오늘 예수님을 믿기 시작하게 하옵시고, 성도들에게는 더욱 확고한 믿음을 주시기를 그리스도의 이름으로 비옵나이다. 아멘.

Spurgeon on Resting in the Promises of God

부록
찰스 해돈 스펄전의 생애와 설교

박영호 박사
한국성서대학교 은퇴교수

1. 신앙적 배경과 목회

오늘날 사람들에게 찰스 해돈 스펄전(Charles Haddon Spurgeon, 1834~1892) 목사가 누구인지 물어 본다면 그 대답이 너무 다양해서 놀랄지 모르겠습니다. 대부분의 사람은 "설교의 황태자", "청교도의 황태자"로 부르며 유명한 설교가였다고 생각할 것이고, 다른 사람들은 침례교인이였다고 말할지도 모르겠습니다. 또 다른 사람들은 19세기에 영국에 살았던 목사라고 기억할 것입니다. 이 모든 말이 사실이지만, 찰스 해돈 스펄전에 관해 훨씬 더 많은 이야기가 있습니다.

스펄전은 1834년 회중교회 가정에서 열일곱 명의 자녀 가운데 맏아들로 태어났으며, 조부와 증조부 모두 독립파 교단의 목사였습니다. 이런 집안 내력은 지금 보기에는 하나도 이상할 것이 없지만, 19세기 중반의 영국에서는 상황이 다릅니다. 그 당시 이런 집안이라는 것은 영국국교회에 반대해 비국

교도에 헌신했다는 것을 의미했습니다. 그리고 스펄전 목사는 그 시절 영국을 사로잡았던 산업혁명의 영향에서 멀리 떨어진 시골에서 자랐습니다.

1850년 1월 6일, 열여섯 살이 되던 해에 스펄전 목사는 콜체스터에 있는 '프리미티브 감리교(Primitive Methodist) 집회'에서 회심했습니다. 설교자는 이사야 45장 22절 "땅의 모든 끝이여 내게로 돌이켜 구원받으라 나는 하나님이라 다른 이가 없느니라"는 본문 말씀을 중심으로 〈나를 바라보라〉라는 제목의 설교를 했습니다. 스펄전은 이 설교에서 깊이 감동하게 되었으며, 구원의 기쁨을 느끼고 회심했습니다.

비록 그의 어머니에게는 슬픈 일이었지만 곧 침례교인이 되어 바로 평신도 설교자로 설교를 시작하게 되었습니다. 그는 1852년 워터비치(Water Beach)에 있는 한 작은 침례교회의 목사가 되었습니다. 그 후에 설교 천재로 여겨지면서 스펄전 목사는 엄청난 수의 청중을 매혹하며 시골을 넘어서 런던에서까지 큰 명성을 얻게 되었습니다. 이런 큰 성공의 결과로 스펄전 목사는 1854년 뉴파크스트리트교회(New Park Street Chapel)에서 설교하도록 초청되었는데, 그때 그의 나이가 불과 열아홉 살밖에 되지 않았습니다.

스펄전 목사가 그 교회에서 첫 설교를 했을 때, 200석 규모의 자리를 다 채울 수 없었지만 일 년 안에 1,200석 자리의 교회가 차고 넘치게 되었습니다. 스펄전 목사는 곧 더 크고 넓은 장소에서 설교를 하기 시작했고, 교회는 더 부흥 성장하여 마침내 런던 중심가의 메트로폴리탄교회는 1861년 6,000석 규모의 예배당을 완공하게 되었습니다. 1892년 57세의 일기로 이 땅에서의 생을 마칠 때까지 그의 명성은 그칠 줄 몰랐습니다.

1856년 스펄전 목사는 수잔나 톰슨(Susannah Thompson)과 결혼하여 곧 슬하에 쌍둥이 아들, 찰스와 토마스를 두었습니다. 두 아들은 후에 아버지의 뒤를 이어 목회자가 되었습니다. 스펄전 목사는 목회자 양성 학교인 패스터스

칼리지(Pastor's College)를 열어 그의 평생에 걸쳐 900명이 넘는 설교자를 양성했습니다. 또한, 그는 불우한 소년 소녀들을 위해 고아원을 건립했으며 고아들을 교육시켰습니다. 그리고 그의 아내 수잔나와 함께 기독교 문서를 편찬하고 배포하는 사역을 성장시켰습니다.

스펄전 목사는 그의 40여 년의 목회 사역 기간 동안 천만 명이 넘는 사람들에게 설교했다고 전해집니다. 그의 설교는 매주 2,500부 이상 발간되어 팔렸고 20여 개의 언어로 번역되었습니다. 그는 135권의 저서를 출간했으며, 완전히 설교와 문서운동으로 복음을 전하는 데 헌신했습니다.

스펄전 목사의 전 생애 동안 영국은 산업혁명 때문에 시골 농경사회에서 도시 산업사회로 탈바꿈하고 있었습니다. 사회 전반의 급격한 변화로 여러 어려움과 공포가 영국 곳곳에 도사리고 있었습니다. 이 엄청난 변화의 소용돌이 가운데 공장 노동자나 가게 점원이 되기 위해 도시로 몰려들었던 사람들이 스펄전 목사의 회중이 되었습니다.

그 자신도 작은 시골에서 나고 자라서 거대하고 불친절한 도시로 이주해 온 터라 보통 사람으로서 보통 사람들의 영적 갈급함을 뼛속 깊이 이해했습니다. 그는 복음을 친숙하게 만드는 화술가였으며 사람들의 마음속 깊숙이 자리 잡은 필요를 지혜롭게 말하여 듣는 사람으로 하여금 그 말씀을 기쁘게 받아들이도록 만들었던 사람이었습니다.

스펄전 목사가 지금과 같은 마이크나 스피커가 없던 시절에 설교를 했던 분임을 잊지 마시길 바랍니다. 다시 말하면, 앰프의 도움 없이 설교를 했던 분입니다. 한 번 설교를 할 때마다 2,000~3,000명이나 되는 청중 앞에서 어떤 기계 장비의 도움도 없이 설교를 했습니다. 그 자신이 강단 위의 증폭기가 되어 설교했습니다.

스펄전 목사는 단순히 서서 딱딱한 설교를 읽는 분이 아니었습니다. 설교의 개요를 만들어 놓고, 설교 주제를 즉흥적으로 그때그때 상황에 맞게 발전시키면서, '보통의 언어로 보통의 사람에게' 전하는 설교를 했습니다. 그의 설교는 이야기와 시, 그리고 드라마와 감동이 있었습니다.

스펄전 목사는 생명력 있게 항상 큰 동작으로 단상 위를 성큼성큼 걸어 다니며 설교했습니다. 그는 감각적 호소를 통해 설교했습니다. 큰 제스처를 사용하면서 이야기를 표현했으며, 유머를 사용했고, 그림 언어를 이용하여 늘 자신의 설교에 큰 활력을 불어넣었습니다. 스펄전 목사에게 설교란 하나님의 진리를 이야기하는 것으로 이를 위해 어떤 은사도 마다하지 않고 사용하곤 했습니다.

스펄전 목사의 설교는 풍성한 기도와 말씀 연구로 가득한 그의 영적 삶에 뿌리를 내리고 있습니다. 그는 신학적, 사회적, 정치적 유행에 현혹되지 않았습니다. 성경이 오직 그의 삶과 설교의 기초였습니다. 그는 성경 본문의 의미를 텍스트 안에서 파악할 뿐 아니라, 회중 각각의 삶과 연관 지어 이해하는 주해 설교자였습니다. 스펄전 목사에게 성경은 살아 있었고, 특별히 성도들의 사회적 지위나 경제적 상황 그리고 살고 있는 시대가 어떠하든지 그들의 삶과 밀접한 연관이 있었습니다.

스펄전 목사는 하나님의 계시를 완전히 받아들였습니다. 하나님의 계시란 예수 그리스도를 통한, 성경을 통한, 그리고 자신의 기도와 말씀 연구를 통한 계시를 말합니다. 그에게 계시란 아직 끝나지 않은 행위입니다. 일단 사람이 받을 준비가 되어 있으면 하나님은 여전히 지금도 그 자신을 계시하고 계십니다. 혹자는 스펄전 목사 자신이 신비로웠고, 또 하나님의 비밀들을 기꺼이 그리고 열정적으로 탐구했다고 말하고 있습니다.

스펄전 목사는 칼빈주의적 청교도 신앙을 가졌으며, "이것은 알고, 이것은 모르지만, 분명한 것은 여전히 신뢰할 것이다"라고 편안히 말하면서, 진리와 함께 거하는 삶을 살았습니다. 스펄전 목사의 '감각적 호소의 설교'는 우리에게 도전이 되며 본받아야 합니다.

2. 감각적 호소의 설교

스펄전 목사는 강단에 서기 위한 공식적인 설교 훈련을 받지 못했습니다. 그러나 그는 생생한 연설이라는 자신의 스타일을 개발했는데, 꾸밈이 없으면서도 날카롭고 강하게 교리적이면서 엄밀하게 경험적인 '감각적 호소의 설교'의 대가였습니다.

설교는 성경을 본문으로 한 일종의 기독교적 연설입니다. 설교자의 설교 내용이 효과적으로 전달되도록 하기 위해서는 전달 기술, 즉 설교 행위가 지적 터치, 감각적·감성적 터치 위에 놓일 때에 효과를 배가시킬 수 있습니다. 따라서 무엇을 이야기할 것인가 하는 설교 내용이 중요한 핵심 사안이지만, 그것 못지않게 중요한 것이 어떻게 이 내용을 감동적으로 전달할 수 있을 것인가 하는 전달 기술과 행위 기법 문제입니다.

왜냐하면, 설교의 목표는 회중을 단순히 지적인 만족에 머물게 하는 것이 아니라 궁극적으로 그들의 삶을 변화시키는 데까지 나아가는 것인데, 이것을 가능하게 하는 것 가운데 하나가 곧 감정적 터치이기 때문입니다. 즉, 설교의 내용을 듣고 웃고, 울고, 감동하는 감정적 터치가 이루어질 때 그것은 회중의 뇌리에 깊이 각인되며 그것이 의지의 변화를 촉진시키는 동력을 제공하기 때문입니다.

따라서 설교자는 설교 내용과 의지의 변화 사이에 중요하게 자리 잡아야 하는 '감동적 수용'을 간과해서는 안 됩니다.

1) 감각적 호소

설교의 전달행위와 관련하여 중요하게 부각하는 것이 '감각적 호소'(Sense Appeal)입니다. 말하자면 설교에서 감각적 호소는 회중의 오감(시각·청각·촉각·미각·후각)을 자극하여 설교 내용의 실감을 극대화하려는 기법으로 회중에게 오감의 터치를 통해 설교의 내용을 경험시키고, 이를 통해 전달의 효과를 높이려는 의도를 갖고 있습니다. 스펄전의 설교는 감각적 호소가 뛰어났습니다.

감각적 호소를 위해 설교자에게 필요한 기본적인 요소는 무엇입니까?

아담스(Jay E. Adams)는 이것과 관련하여 지각(Perception), 상상력(Imagination) 그리고 묘사(Description)를 핵심 요소로 추천합니다.

첫째, 지각은 단순히 어떤 사물을 자세히 관찰한다는 것만을 의미하지 않습니다.

감각의 지각이라는 것은 관찰력과 함께 풍부한 지식을 요구하기 때문에 평소의 꾸준한 연구 태도가 설교자들에게 요구됩니다.

둘째, 종합적 상상은 일차적으로 관찰된 개념을 확대시킴으로 가능하게 됩니다.

이 확대 작업을 통해 우리는 모든 물질적 실체를 궁극적으로 영적 진리들과 연관시키는 데에 이르게 됩니다. 따라서 이 종합적 상상은 데일(R. W. Dale)이 지적하는 것처럼 영상 속에 있는 것을 다듬는 모방과 구분되어야 하며 오히려 이것을 구체화한 것(incarnating)이 되어야 합니다.

셋째, 사실적 묘사는 설교자가 설교를 준비하면서 경험한 것을 회중도 동일하게 경험하게 한다는 데 그 핵심이 있습니다.

이를 위해 요구되는 것은 눈에 보이는 선명한 묘사와 풍부한 어휘력입니다. 특히, 개념적이고 형이상학적인 단어나 표현 대신 단어 자체에 그림이 있는 단어들을 사용하는 것이 바람직합니다. 이상의 세 가지 요소는 적절하게 조화되어야 하며 동시에 각 요소는 철저히 훈련되어야 합니다.

2) 감각적 호소의 종류

(1) 시각적 호소

설교의 전달에서 가장 중요한 것 중 하나가 회중을 설교의 내용 속에 동참하게 하는 것입니다. 즉, 설교자가 설교하는 내용을 들으면서 회중은 그들의 마음에 '마음의 그림'(mind painting)을 그리도록 '언어 그림'을 시도하는 것입니다. 아담스가 주장하는 것처럼 몸이 육신의 눈으로 쉽게 볼 수 있듯이 마음도 영적 눈으로 '언어 그림'을 볼 수 있기 때문에 가능합니다. 설교 역사상 감각적 호소의 기법을 가장 완벽하게 설교에 도입한 인물로 찰스 스펄전을 들 수 있습니다.

> 그러나 여기를 보십시오!
> 십자가에 달려 있는 저분을 당신은 보십니까?
> 그분의 가슴 위로 고요히 떨구어진 그분의 고통스런 머리를 바라봅니까?
> 그분의 볼 위로 뚝뚝 떨어져 내리는 핏방울의 원인이 되어 있는
> 저 가시 돋친 면류관을 봅니까?
> 꿰뚫려 갈라진 그분의 두 손과 잔인한 두 못으로 거의 쪼개진,
> 체중을 지탱하고 있는 그분의 신성한 발을 당신은 봅니까?
> 갈보리의 십자가, 예수님의 피 흘리는 손에서 자비가 뚝뚝 떨어집니다.

겟세마네 동산, 구주의 피 흘린 자국에 용서가 맺힙니다.
부르짖음이 들립니다.
나를 앙망하라, 그리하면 구원을 얻으리라.
그곳을 보십시오 ….
당신을 위해 못 박힌 두 손, 당신을 위해 피를 뿜어낸 두 발,
그 품이 당신을 향해 열려 있습니다.
만일 그대가 어떻게 자비를 구해야 할지 모른다면, 자 여기 있습니다.

이런 시각적 호소는 단지 사실적으로 일어난 사건이나 인물에만 해당되는 것이 아니라 어떤 상상적인 가상적 장면들에 대해서도 가능합니다. 이런 시각적 호소는 설교자가 설명하는 사안에 대해 관념적 수용 대신 '경험적' 수용을 가능하게 하며 이렇게 일단 회화적으로 회중 스스로 그려 낸 설교의 내용은 단지 언어 내용에만 의지하는 관념적·개념적 전달보다 훨씬 강력한 상을 회중에게 간직하게 한다는 점에서 긍정적입니다.

특히, 이렇게 제공되는 그림들은 동작에 의한 움직이는 그림이기 때문에 생동감을 가질 뿐 아니라, 그 자체로 분명한 설명을 기도하기 때문에 더욱 극적 효과를 거둘 수 있습니다.

죄인들이여!
당신은 그분이 엘리 엘리 라마 사박다니라고 부르짖는
외마디 소리를 듣습니까?
당신은 그분이 다 이루었다라고 외치는 소리를 듣습니까?
당신은 그분의 머리가 죽음 속에 매달려 숙여져 있는 것을 목격합니까?
창으로 꿰뚫린 부분과 십자가에서 내려진 시체를 봅니까?

오, 그대여 이곳으로 오십시오!

(2) 청각적 호소

설교에서의 청각적 호소란 설교에 등장하는 구체적 인물들의 대화를 표현하는 것뿐 아니라 각양의 소리를 묘사함에 있어 청각적 수용을 극대화시키기 위한 일체의 의성어 사용까지 포괄함을 의미합니다. 스펄전 목사는 간접적인 청각적 터치를 자연 현상이나 일반적인 청각적 현상들을 실감 있게 묘사하는 방식으로 사용했습니다.

> 만일 우리가 그분을 찬양하기를 그친다 해서
> 예수 그리스도의 이름이 잊혀질까요?
> 아닙니다. 돌들이 노래할 것이며 언덕이 관현악단이 될 것이며
> 산들이 양처럼 뛰놀 것입니다.
> 태양이 합창을 지휘할 것이며 달은 그분의 은빛 하프를 연주하면서
> 그 소리에 맞추어 달콤하게 노래할 것입니다.
> 별들은 그들의 율동적인 코스에 따라 춤출 것입니다.

그림을 그리는 작업인 시각적 어필과 마찬가지로 청각적 어필도 자연스럽게 회화적 효과를 동반하면서 거기에 사용된 소재의 실감을 더해 주기 때문에 이 두 가지 기법은 대개 병행해서 사용됩니다. 당신의 손과 발을 묶고 있는 천사가 단숨에 깊은 구덩이로 당신을 데려갑니다. 그는 당신에게 아래로, 아래로 내려다보라고 명령합니다. 밑바닥이 없습니다(여기까지는 시각에의 호소입니다. 이제는 귀가 활동하게 됩니다).
당신은 심연(深淵)에서 올라오는 음산한 신음 소리와 동굴에서 울리는 듯

한 끙끙거리는 소리와 고문당하는 유령들의 찢어지는 듯한 비명 소리를 듣습니다(지금부터는 두 요소가 상호 교차하여 사용됩니다).

> 당신은 떨며, 당신의 뼈는 촛농처럼 녹고,
> 당신의 골수(骨髓)는 당신 속에서 흔들립니다.
> 지금 당신의 힘은 어디에 있습니까?
> 또한, 당신의 자랑과 허세는 어디에 있습니까?
> 당신은 외마디 비명을 지르며 울부짖고 자비를 애걸합니다.
> 그러나 그 천사는 놀라운 한 손아귀에 당신을 재빨리 움켜쥐고
> 가라, 가라고 소리치며 힘껏 아래로 당신을 내던져 버립니다.
> 그러면 당신은 밑바닥의 휴식할 장소를 결코 발견하지 못할
> 저 아래쪽으로, 아래쪽으로, 아래쪽으로 영원히 굴러
> 당신은 내던져 버려지게 됩니다. 내려가게 됩니다.
> 지옥으로 떨어집니다.
> 저주받은 자들이 고통의 불타는 쇠사슬 소리를 쩔렁쩔렁 낼 때 그들은 영원히라고 말하게 될 것입니다.
> 고통 속에서 외치는 그대의 끊임없는 고함소리가
> 하나님의 마음을 움직일 수 없을 것이며,
> 그대의 신음소리와 짠 눈물이 당신을 동정하도록
> 하나님을 움직이지 못할 것입니다.
> 그러나 당신은 먼 곳에서
> 증상과 냉소의 으르릉거리는 소리를 듣습니까?
> 포근히 싸여 있는 북 같은 우리의 심장이
> 무덤을 향한 장송곡에 맞춰 뛰고 있습니다.

(3) 촉각적 호소

촉감이란 것은 접촉하여 뜨겁거나 찬 온도에 의해 견고하거나 부드러운 혹은 습하거나 건조한 밀도에 의해 거칠거나 고른 피류의 바탕에 의해 혹은 고통과 같은 감각 등에 의해 활동됩니다. 촉각적 호소라는 것은 이런 촉감을 회중이 느끼도록 묘사하는 기법입니다. 이것은 앞의 시각적, 청각적 호소와 비교해 볼 때 상대적으로 그리 자주 사용되지 않는 기법이지만 설교 내용을 현재화시키고 '실감나는 전달'을 위해서는 적극적으로 설교에 도입되어야 합니다.

스펄전 목사는 그의 설교에서 촉각적인 호소를 적절하게 사용했습니다. 특히, 그는 회중이 촉감을 느낄 수 있도록 '터치'에 많은 주의를 기울였습니다.

> 마음은 매우 미끄럽습니다!
> 그렇습니다.
> 마음은 모든 복음의 낚시꾼들이 잡기에 괴로움을 주는 고기입니다.
> 뱀장어처럼 미끈둥거려 당신의 손가락 사이를 미끄러져 나갑니다.

특별히 촉각적 호소는 인간의 고통 문제나 환희 등을 표현할 때 매우 유용하게 사용할 수 있는 기법입니다. 설교의 내용과 촉감적 터치를 연결지어 설명하면 더욱 효과적인 전달이 가능합니다.

> 당신의 손가락을 내미십시오.
> 사랑하는 여러분!
> 당신의 손가락을 내미십시오.
> 당신의 손가락을 내미십시오.

당신이 믿음의 기도나 혹은 소망으로
주님과 접촉할 때까지 가 버리지 마십시오.

(4) 미각적 호소

미각적 호소란 혀로 느낄 수 있는 감촉과 관련된 것으로 짜고, 쓰고, 맵고, 시고, 단 혀의 촉감을 설교에 도입하는 기법입니다. 설교의 내용에 따라 모든 미각적 현상들을 다 취급할 수 있지만 특히 선과 악으로 대별되는 메시지가 주류를 이루는 설교에서는 주로 쓰고 단 두 가지 미각이 주로 사용됩니다.

스펄전 목사의 설교에서는 주로 유쾌한 것과 불쾌한 것의 두 가지 범주로 미각적 호소가 사용되고 있습니다. 특히, 〈꿀로 가득 찬 두 손〉(Hands Full of Honey)이라는 설교는 미각적 호소가 가장 극명하게 나타난 대표적 설교라 할 수 있습니다.

> 시들지 않는 것은 기쁨입니다.
> 당신은 해마다 그것을 입 속에 간직할 수 있습니다.
> 그렇지 않다 할지라도 그것은 결코 싫증나게 하지 않습니다.
> 세상의 남자들은 술에 곧 진저리가 나고
> 그리스도인들은 즐거움을 갖고 있는데,
> 그것은 꿀과 같고 꿀벌 집과 같습니다.
> 양손에 꿀을 가지고 잔치를 계속하면서
> 그는 주위에 둘러서 있는 모든 사람에게
> 하늘의 즐거움을 보이면서 말합니다.
> 오 ! 맛을 보고 주의 선하심을 알라.
> 그분을 믿는 자는 복되도다.

(5) 후각적 호소

후각이란 냄새를 통해 느껴지는 느낌을 말하는 것으로 이 후각적 느낌을 설교에 도입하려는 시도가 곧 후각적 어필입니다. 일차적으로 후각적 어필에서는 그것이 어떤 냄새이든 설교에서 그 냄새가 회중에게 느껴지도록 묘사하는 것을 말합니다. 후각적 호소는 이차적 사용이 가능한데 설교자가 의도적으로 설교의 메시지를 좋고 나쁜 냄새라는 도식으로 나타내는 것이 그것입니다.

가령 복음을 아름다운 장미 향기로 묘사한다든지 죄의 부패성을 코를 찌르는 시체 썩은 냄새로 묘사한다든지 어떤 경우이든 비유적으로 끌어들인 후각적 소재가 생생하게 회중에게 전달되어야 합니다. 스펄전 목사는 특히 이차적 방식을 그의 설교에 적극적으로 도입하여 복음에 대한 설명을 시도했습니다.

> 그 지하 납골당에는 죽음의 안개로 덮인 습기나
> 마땅히 있어야 할 부패한 공기도 없습니다.
> 일반적인 무덤 속에는 부패하는 유독한 냄새가 있습니다.
> 그러나 그리스도의 무덤 속에는 어떤 냄새도 없습니다.
> 오히려 향기가 있을 따름입니다.
> 한 어린이가 회심할 때 나는 한 가족이 회심할 거란 희망을 갖습니다.
> 은혜는 값진 연고(軟膏)와 같기 때문입니다.
> 그것은 향기를 사방에 뿌립니다.
> 향기로운 향로 상자 하나가 방안에 놓이면
> 그 향기는 곧 온 방을 채웁니다.
> 그리고는 조용히 윗층으로 올라가 윗방으로 들어갑니다.
> 온 집으로 채우기까지 그 일을 쉬지 않습니다.

스펄전 목사는 영혼들을 구원하고자 하는 강렬한 소망이 있다면 그 목적을 이룰 만한 진리들을 전해야 함은 물론, 영혼들을 구원으로 인도하는 데 도움이 될 만한 방식을 사용하여 그 진리들을 다루어야 함을 알았습니다. 설교자는 모든 사람에게 모든 것이 되어야 합니다(we are to be all things to all men). 그러므로 논리를 따지는 사람들에게는 논리를 제시하고, 명확한 귀납적 사실들과 필수적인 연역적 사실들을 제시해야 한다고 말했습니다.

　　그러나 스펄전 목사는 "논리적 증명을 요하는 부류의 사람들보다는 감정적 설득의 방법으로 호소할 필요가 있는 사람들의 숫자가 훨씬 많다. 이들에게는 이성적 추론이 아니라 마음의 논리가 더욱 필요하다"라고 지적했습니다. 스펄전 목사는 마음의 논리를 다음과 같은 예를 들어 설명합니다.

> 다시는 속을 썩이지 말라고 아들을 타이르는 어머니의 논리나 아니면 집으로 돌아와 아버지와 화해하라고 오빠를 설득하는 누이동생의 논리와 같은 것이 필요합니다. 곧 분명한 논리에 뜨거운 사랑이 생생하게 담겨 있어야 합니다.

　　스펄전 목사의 설교는 청교도적 특징을 많이 갖고 있었습니다. 청교도 설교는 진리에 대한 합리적 이해를 추구하면서, 그에 못지않게 가슴과 의지를 중요하게 여겼습니다. 그는 청중들의 전인격에 호소했습니다. 리차드 백스터(Richard Baxter)는 말합니다.

인간은 깊은 감동과 영향을 받지 않고서는 그 진리에 따라 살려고 하지 않는다 …. 진리에 대한 이해는 반드시 의지에 영향을 주어야 한다. 그 진리가 열정적으로 듣는 이의 가슴을 향해 파고들 때 듣는 이의 가슴을 뜨겁게 하며 그렇게 살도록 결단하게 만든다.

스펄전 목사는 마음을 설교자의 소명의 중요한 도구(the instrument)로 보았습니다. 그는 이렇게 확신했습니다.

우리의 일은 그저 정신적 일만이 아니다. 그것은 마음의 일이요, 우리의 가장 은밀한 영혼의 수고이다(Ours is more than mental work, it is heart work, the labour of our inmost soul).

설교는 단지 정신의 일만은 아닙니다. 이 마음의 원리는 스펄전 목사의 설교에 강하게 배어 있습니다. 스펄전 목사는 말합니다.

나는 우리의 마음 깊은 곳에서 솟아나는 설교를 좋아합니다. 우리의 마음에서 나온 설교가 아니라면 청중들의 마음에 닿을 수 없기 때문입니다.

아담스가 말한 대로 스펄전 목사는 그의 설교에서 감각적 호소, 즉 오감을 통해 청중들의 감동을 이끌어 내는 설교를 했습니다. 스펄전 목사는 분명한 칼빈주의적 신학과 교리를 가지고 있었지만, 그의 설교는 메마르고 쥐어짜는 설교가 아니었습니다. 스펄전 목사는 깊은 묵상과 고민 없이 교리의 구조에만 맞추어 설교하거나 말씀의 의미만을 잘 정리하여 설교하는 행위를 비판했습니다.

스펄전 목사는 또한 설교가 너무 고상한 문화나 심오한 학식이나 언변적으로 나아가는 것을 경계했습니다. 하지만 그는 설교에서 신학이나 교리의 가치를 무시한 것은 아닙니다. 단지 신학이나 교리가 성령님의 사역을 자칫 제한할 수 있는 것을 주의해야 한다고 했습니다.

스펄전 목사 당시의 설교자들은 회중의 상황과 필요를 고려하지 않고, 오히려 회중의 삶과 무관한 메마르고 지루한 산문체의 설교를 하고 있었습니다. 많은 설교자가 고전 문학에서 화려한 문구를 인용함으로써 그들의 학문적 실력을 과시하는 경향이 있었습니다.

반면에 스펄전 목사는 모든 사람이 이해할 수 있는 평이하고도 쉬운 구어체를 사용했으며, 회중의 삶과 연관되어 적용할 수 있는 설교를 했습니다. 그의 설교는 은유, 직유, 이야기, 유추와 이미지로 가득 찬 신선하고도 회중의 마음에 깊이 새겨지며 감동을 주는 설교였으며 풍성한 상상력을 불러일으키는 설교였습니다.

아담스는 『스펄전의 설교에 나타난 센스 어필』(Sense Appeal in the Sermons of Charles Haddon Spurgeon)이란 책에서 스펄전 목사가 이야기, 유추, 상상을 어떻게 효과적으로 설교에서 사용했는지 다음과 같이 보여 주고 있습니다.

> 당신은 십자가 위에 못 박힌 주님을 상상 속에서 주시합니까?
> 그분의 손과 발에서 흐르는 보혈을 보십니까?
> 당신은 그분을 보고 있습니까?
> 그분을 바라보십시오.
> 만일 우리가 그분을 찬양하기를 그친다고 해서
> 예수 그리스도의 이름이 잊혀질까요?
> 아닙니다.

돌들이 노래할 것이며 언덕이 관현악단이 될 것이며
산들이 양처럼 뛰놀 것입니다.

　스펄전 목사는 그의 설교를 듣는 회중이 능동적으로 참여할 수 있도록 이끄는 설교자였다고 할 수 있습니다. 스펄전 목사의 설교가 사람들에게 감동을 주고 변화를 이끌어 낼 수 있었던 것은 그가 풍성하고 다양한 상상, 유추, 비유, 이야기 등을 통해 청중들과 호흡하는 설교를 했을 뿐만 아니라, 더 중요하게는 그가 청중의 정신에만 호소한 것이 아니라 청중의 마음에 호소했기 때문입니다.
　이 설교집에 있는 스펄전 목사의 『찰스 해돈 스펄전의 약속 메시지』(Spurgeon on Resting in the Promises of God)는 감각적 호소를 충분히 반영하고 있습니다. 독자들이 주의 깊게 읽고 느껴 보시기 바랍니다. 물론, 본서에 나오는 각각의 설교는 스펄전 목사가 자신의 목회 사역 중 각기 다른 시기에 설교한 것으로 각각의 독특한 특징이 있습니다. 이 설교들은 시리즈가 아니며, 순차적으로 의도되어 만들어진 것도 아니고 하나로 묶을 수 있을 정도로 조화를 이룬다거나 편집된 것도 아닙니다.
　대신에 『찰스 해돈 스펄전의 성서 메시지』는 설교자인 스펄전을 그대로 반영하고 있습니다. 놀라운 설교가인 스펄전 목사가 독자로 하여금 특정한 이야기, 특정한 사건, 즉 하나님의 특별한 계시를 자신과 함께 경험하도록 인도하고 있습니다. 본서를 통해 독자들은 스펄전 목사가 전하는 하나님의 메시지를 들을 수 있을 것입니다.
　이 설교집 『찰스 해돈 스펄전의 약속 메시지』를 읽으면서 주님의 목소리를 '들을 수' 있기를 간절히 바랍니다. 약속하시고 그 약속을 이루어 가시는 하나님을 만나시기를 바랍니다. 이 귀한 말씀들을 읽는다는 것은 단순히 책 읽듯이 읽는 것이 아니라 듣는 것을 말합니다. 주의 깊게 듣는다면 무수한 세월이 지났지만 하나님의 영원한 진리 말씀의 메아리인 이 설교가 놀랍도록 아름다운 운율이 되어 독자들의 귀에 들릴 것입니다.

『찰스 해돈 스펄전의 약속 메시지』를 읽는 독자들은 무엇보다도 시대를 초월하여 우리와 연합하고자 하시는 창조주의 초대를 깨닫고 반응하고자 했던 스펄전 목사의 열정, 그의 헌신 그리고 그의 언어로 풀이된 메시지를 느낄 수 있을 것입니다. 부디『찰스 해돈 스펄전의 약속 메시지』를 벅찬 감격으로 받아들이시기 바랍니다.